Rust-Tutorial

Programmieren lernen mit der Programmiersprache Rust

Kevin Scholze

Bibliografische Information der Deutschen Nationalbibliothek:
Die Deutsche Nationalbibliothek verzeichnet diese Publikation in der Deutschen Nationalbibliografie;
detaillierte bibliografische Daten sind im Internet über http://dnb.dnb.de abrufbar.

Herstellung und Verlag: BoD – Books on Demand, Norderstedt

ISBN: 978-3-7568-4488-3

Inhaltsverzeichnis

1 Einführung

Herzlich Willkommen!

In diesem Tutorial lernst du die Grundlagen der Programmiersprache Rust und wie du mit Visual Studio Code eigene Programme entwickeln kannst.

1.1 Warum programmieren lernen?

Sehr viele Gründe sprechen dafür, programmieren zu lernen.

Schon die zunehmende Digitalisierung im Arbeitsleben spricht dafür, sich näher mit dem Thema zu beschäftigen, wie ein Computerprogramm erstellt wird. Mittlerweile ist die Bandbreite an Möglichkeiten, als Programmierer tätig zu werden, riesig. Ob ansprechende Desktopprogramme, mobile Apps, die Spieleentwicklung, selbstfahrende Autos, Roboter, komplexe (eingebettete) Betriebssysteme oder auch nur der Taschenrechner; in nahezu allen Lebensbereichen spielen Computersysteme und -Programme eine wichtige Rolle. Dementsprechend wird der Bedarf an Programmierern auf dem Arbeitsmarkt auch in Zukunft hoch bleiben.

Als Programmierer hast du wie in kaum einem anderen Beruf die Möglichkeit, mit so gut wie keinem Startkapital, dich selbständig zu machen. Eigentlich benötigst du nur deinen Computer und die nötige Zeit. Und natürlich auch eine kreative Idee, Durchhaltevermögen, Frustrationstoleranz, etc... Im Gegensatz zu – beispielsweise einem selbständigen Pizzabäcker – brauchst du dir aber um die Miete für Geschäftsräume, Wareneinkäufe, Mitarbeiter und sonstige Fixkosten keine Sorgen zu machen. Eine eigene App könntest du beispielsweise auch nebenberuflich entwickeln.

Programmieren ist eine abwechslungsreiche, kreative Tätigkeit, die dich immer fit im Kopf hält. Als Programmierer musst du Probleme lösen und dabei auch verschiedene Wege ausprobieren, um zum gewünschten Ergebnis zu kommen. Und oft stellst du auch einmal mittendrin fest, dass eine andere Lösung vielleicht besser wäre. Dabei entwickelst du immer etwas Eigenes. Dein Projekt, dein Programm, deine Lösung.

Abgesehen davon bringst du einem Computer bei, genau das zu tun, was du willst! Und das ist schon für sich genommen ziemlich cool...

1.2 Warum Rust?

Rust ist eine Programmiersprache, die sich vor allem für systemnahe Programmierung eignet und damit eine „Konkurrenz", bzw. Alternative zu C++ darstellt. Im Vergleich zu C/C++ ist Rust sicherer, weil Speicherzugriffe, Pufferüberläufe und Probleme bei nebeneinander stattfindenden Prozessen durch die Programmiersprache selbst besser vermieden werden. Außerdem bietet Rust eine mit C/C++ vergleichbare Performance, weshalb sie sich auch für sehr umfangreiche Programme, die auf eine schnelle Laufzeit angewiesen sind, eignet.

Rust ist eine plattformunabhängige Programmiersprache. Mit Rust entwickelte Programme können deshalb in allen Betriebssystemen eingesetzt werden.

Rust ist eine moderne Programmiersprache (die erste offizielle Version wurde 2015 veröffentlicht), die Ansätze der funktionalen, objektorientierten und nebenläufigen Programmierung vereint. Es fällt deshalb leichter, andere Programmiersprachen zu lernen oder zu verstehen, wenn man die Programmiersprache Rust beherrscht.

1.3 Warum dieses Buch?

Um in Rust programmieren zu können, wirst du in diesem Tutorial die Grundlagen der Programmiersprache Schritt für Schritt lernen und dein Wissen mit jeder Lektion weiter aufbauen. Das Tutorial ist so gegliedert, dass die einzelnen Abschnitte aufeinander aufbauen und es dir ermöglichen werden, immer komplexere Problemlösungen zu bewältigen. In verschiedenen Programmieraufgaben wirst du dein Wissen an konkreten Beispielen anwenden können, indem du eigene Programme erstellst und Probleme selbständig lösen wirst. Dabei fangen wir bei Null an, sodass du keinerlei Vorkenntnisse brauchst.

Und warum „Tutorial"?

Ich habe in diesem Buch die Inhalte auf das – meiner Meinung nach – absolut Wesentliche konzentriert. Du wirst also nicht mit theoretischem Hintergrundwissen „erschlagen", sondern lernst Programmieren nah an der Funktionsweise des Codes. Ich nenne dieses Buch deshalb auch Tutorial...

Und jetzt kann es endlich losgehen. Bei der Arbeit mit diesem Tutorial wünsche ich dir viel Erfolg und natürlich auch viel Spaß beim Programmieren!

1.4 Rust und Entwicklungsumgebung installieren

Für das Programmieren in Rust empfehle ich die Entwicklungsumgebung Visual Studio Code.

Visual Studio Code ist eine sehr übersichtliche Entwicklungsumgebung, die sich für den Einstieg in die Programmierung sehr eignet und gegenüber einem Texteditor viele nützliche Hilfsmittel zur effizienteren Codeerstellung und Codekorrektur bietet. Außerdem ist die Entwicklungsumgebung kostenlos.

Für Windows-Nutzer stellt die Microsoft-Webseite unter der URL „https://learn.microsoft.com/de-de/windows/dev-environment/rust/setup" eine ausführliche Anleitung bereit:

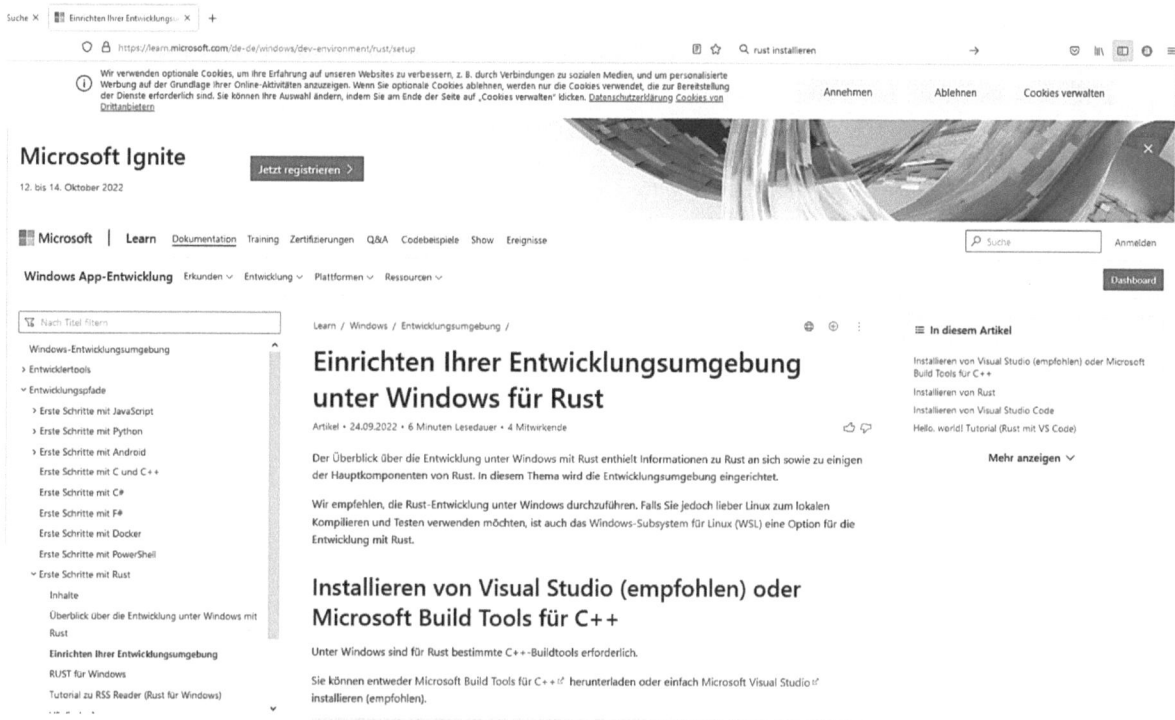

Auf der Seite wird das Vorgehen in drei Schritten empfohlen:

<u>a) Visual Studio installieren</u>

Für Windows-Nutzer wird empfohlen, zuerst die Entwicklungsumgebung „Visual Studio" zu installieren. Wichtig dabei ist, die empfohlenen Windows-Workloads (inklusive Git für Windows) auszuwählen.

<u>b) Rust installieren</u>

Der zweite Schritt ist die Installation von Rust. Dazu klicken wir auf den Link, mit dem wir auf die Webseite von Rust gelangen und wählen die für unser Betriebssystem passende Version aus, beispielsweise die 64-Bit-Version.

Wenn wir die heruntergeladene Datei öffnen, erscheint ein Kommandozeilen-Fenster, in dem einige Hinweise erscheinen, wo die wichtigsten Dateien gespeichert werden. Eine Umgebungsvariable wird hierbei automatisch erstellt unter dem Ordner „Users*Username*\.cargo\bin". Wenn wir die Voreinstellungen übernehmen wollen, können wir durch Eingabe der „1" und ENTER die Installation starten:

```
C:\Users\kscho\Desktop\rustup-init.exe                                    —    □    ×
modifying the HKEY_CURRENT_USER/Environment/PATH registry key.

You can uninstall at any time with rustup self uninstall and
these changes will be reverted.

Current installation options:


   default host triple: x86_64-pc-windows-msvc
      default toolchain: stable (default)
                profile: default
   modify PATH variable: yes

1) Proceed with installation (default)
2) Customize installation
3) Cancel installation
>1

info: profile set to 'default'
info: default host triple is x86_64-pc-windows-msvc
info: syncing channel updates for 'stable-x86_64-pc-windows-msvc'
info: latest update on 2022-09-22, rust version 1.64.0 (a55dd71d5 2022-09-19)
info: downloading component 'cargo'
info: downloading component 'clippy'
info: downloading component 'rust-docs'
 18.7 MiB /  18.7 MiB (100 %)  12.0 MiB/s in  1s ETA:   0s
info: downloading component 'rust-std'
 24.7 MiB /  24.7 MiB (100 %)  12.1 MiB/s in  2s ETA:   0s
info: downloading component 'rustc'
 63.0 MiB /  63.0 MiB (100 %)  11.8 MiB/s in  5s ETA:   0s
info: downloading component 'rustfmt'
info: installing component 'cargo'
info: installing component 'clippy'
info: installing component 'rust-docs'
 18.7 MiB /  18.7 MiB (100 %)   4.2 MiB/s in  4s ETA:   0s
info: installing component 'rust-std'
 24.7 MiB /  24.7 MiB (100 %)  14.3 MiB/s in  1s ETA:   0s
info: installing component 'rustc'
 63.0 MiB /  63.0 MiB (100 %)  15.5 MiB/s in  4s ETA:   0s
info: installing component 'rustfmt'
info: default toolchain set to 'stable-x86_64-pc-windows-msvc'

  stable-x86_64-pc-windows-msvc installed - rustc 1.64.0 (a55dd71d5 2022-09-19)


Rust is installed now. Great!

To get started you may need to restart your current shell.
This would reload its PATH environment variable to include
Cargo's bin directory (%USERPROFILE%\.cargo\bin).

Press the Enter key to continue.
```

c) Visual Studio Code installieren

Nachdem Rust erfolgreich installiert wurde, laden wir über den Link der Windows-Webseite die Entwicklungsumgebung Visual Studio Code herunter. Hier können wir auf den großen Button klicken und die für unser System passende Datei herunterladen:

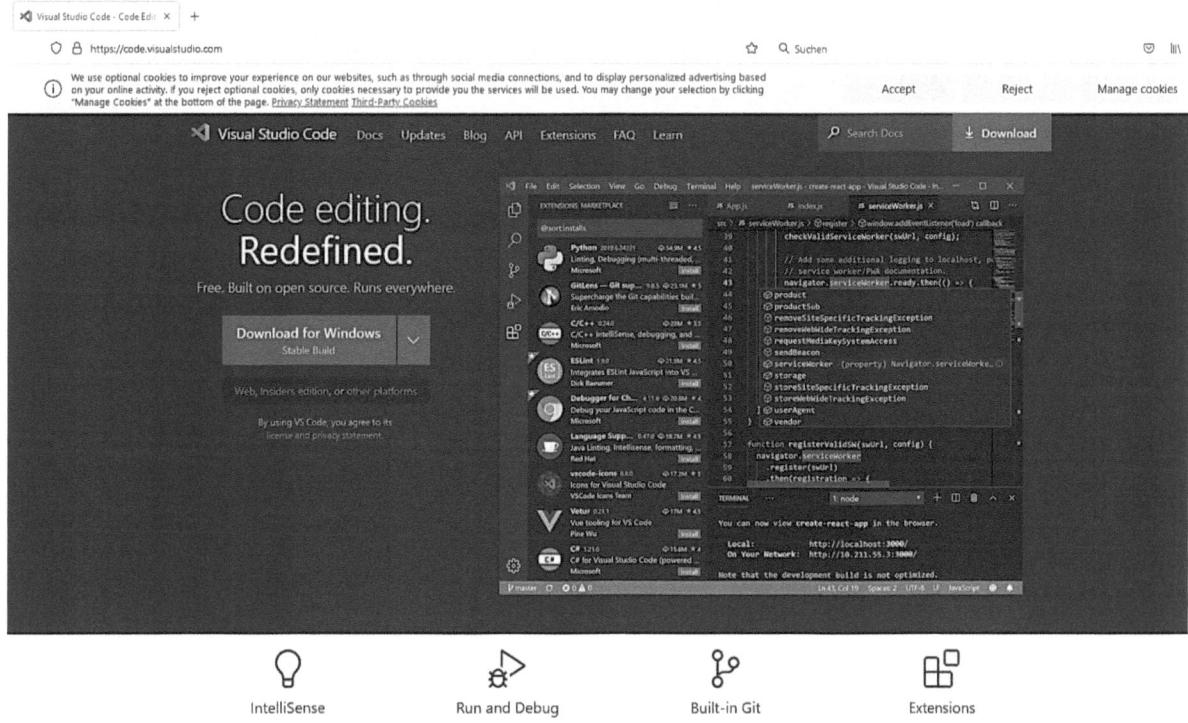

Die heruntergeladene Datei führen wir nach dem Download aus. Dabei müssen wir der Lizenzvereinbarung zustimmen. Danach erscheint ein Fenster, in dem wir bestimmen können, welche zusätzlichen Aufgaben ausgeführt werden sollen. Sinnvoll ist die Auswahl der beiden untersten Punkte. Das Hinzufügen zu „PATH" hat zur Folge, dass eine Umgebungsvariable erstellt wird, wir uns darum also nicht mehr kümmern müssen:

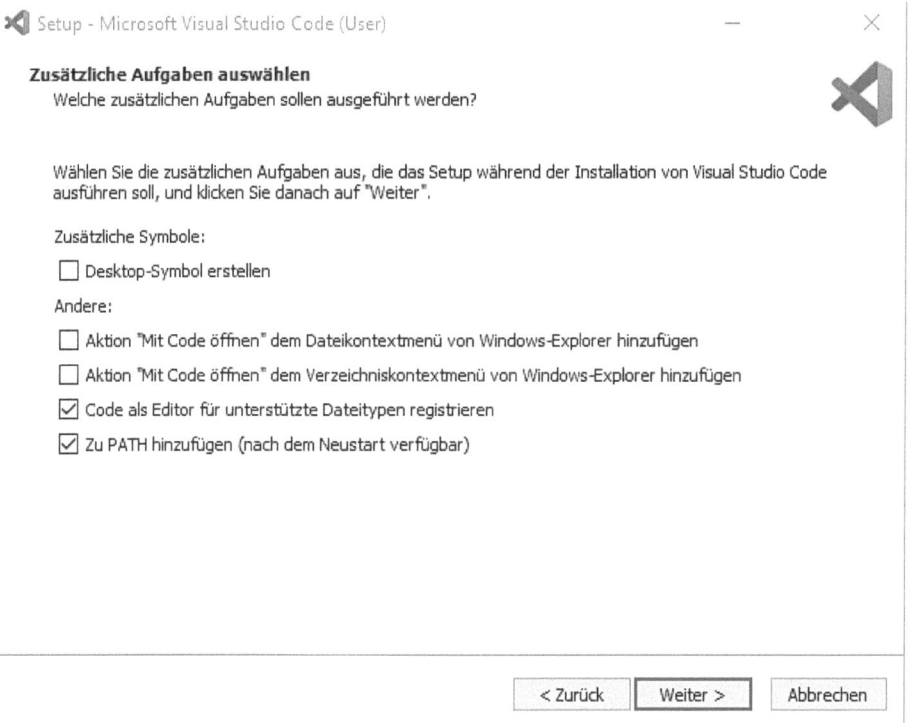

Danach klicken wir auf „Installieren".

1.5   Das erste Projekt

Bevor wir mit dem ersten Projekt starten, ist es sinnvoll, die CodeLLDB-Extension zu installieren. Das machen wir, indem wir in der Menüleiste im Bereich links neben dem Code-Editor auf „Extensions" klicken und „codelldb" als Suchbegriff eingeben und anschließend auf den Button „Install" klicken:

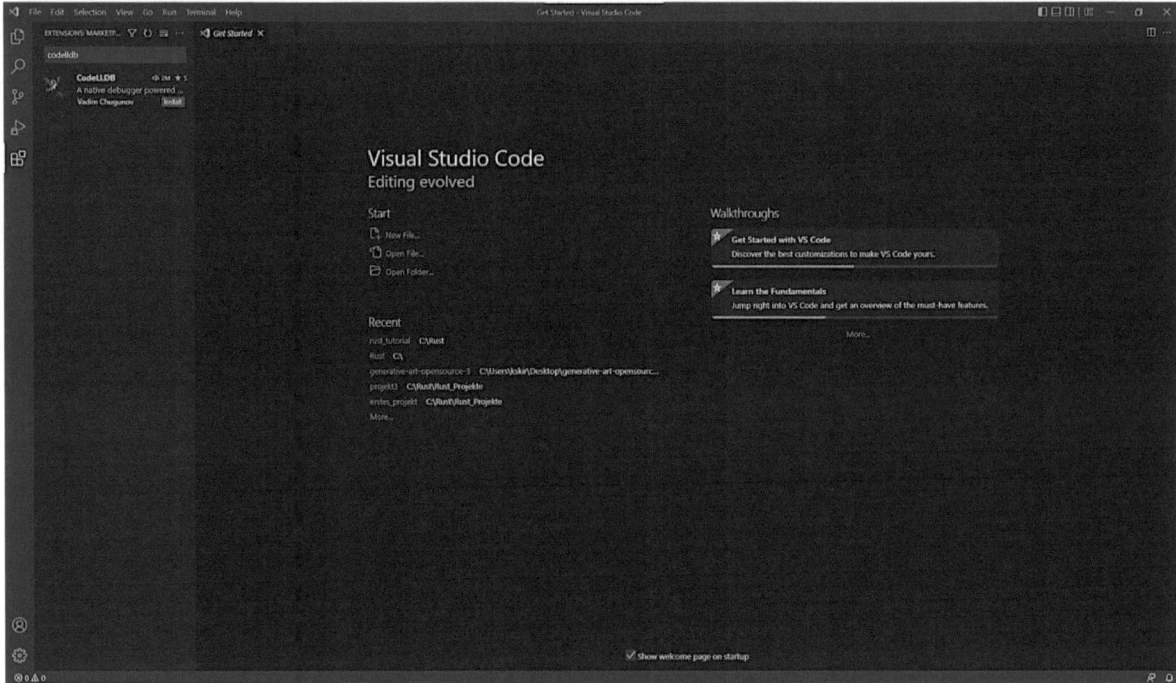

Bevor wir unser erstes Projekt in Rust erstellen, ist es sinnvoll, einen Ordner für Rust-Projekte anzulegen. Ich selbst habe im Laufwerk „C" einen Ordner mit dem Namen „Rust" angelegt, unter dem Rust-Projekte gespeichert werden.

Um ein neues Projekt anzulegen, kann im Visual Studio-Terminal in das Verzeichnis gewechselt werden, in dem die Rust-Projekte aufbewahrt werden sollen. Um das Terminal zu öffnen, klicken wir in der Menüleiste auf „Terminal" und anschließend auf „New Terminal". Im Terminal wechseln wir das Verzeichnis mit dem Befehl cd und nennen danach den Pfadnamen, beispielsweise C:\Rust.

Ein neues Projekt erstellen wir über den Befehl: „cargo new" und nennen anschließend den Projektnamen. Der Projektname sollte dabei komplett in Snake-Case geschrieben werden, beispielsweise rust_tutorial:

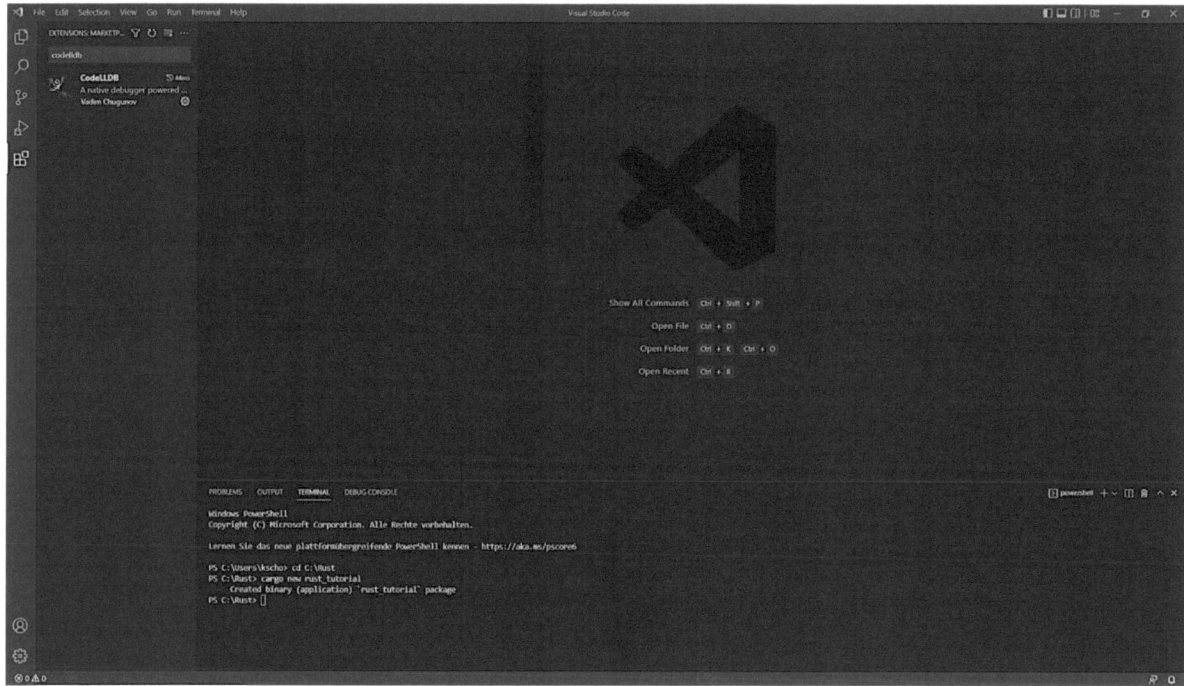

Im Anschluss an die Projekt-Erstellung wird ein Projektordner mit dem Namen des Projekts angelegt und einige Dateien automatisch erzeugt, die sich in diesem Fall im Verzeichnis C:\Rust\rust_tutorial befinden.

Die ausführbare Datei befindet sich im Unterordner „src" und trägt den Namen „main.rs". Die Datei-Endung „.rs" bedeutet, dass es sich hierbei um eine Rust-Datei handelt. Die Datei können wir gleich im Visual-Studio-Code-Explorer anzeigen lassen, indem wir die Datei öffnen.

Weitere Dateien für unser Projekt sind auch in Visual Studio Code direkt erzeugbar. Unter dem Menü-punkt „File", „New File" erstellen wir eine neue, leere Datei, in die Code geschrieben werden kann. Um diese Datei als Rust-Datei zu speichern, müssen wir ebenfalls die Dateiendung „.rs" verwenden.

Für die Anzeige von Ordnern und Dateien in unserem Projekt steht im Menüband links in der Entwick-lungsumgebung über dem Menü für Extensions der Explorer zur Verfügung. Hier klicken wir auf den Button „Open Folder" und suchen das Verzeichnis unseres angelegten Rust-Projekts heraus. Danach haben wir die Möglichkeit, im Unterordner „src" die Datei „main.rs" zu öffnen:

Das Rust-Programm startet mit der main-Funktion. Bei der Projektanlegung beinhaltet diese standardmäßig eine Ausgabeanweisung mit dem Inhalt „Hello, world!". Diese befindet sich im „println!"-Befehl.

Rust-Programme können wir auf mehrere Arten und Weisen ausführen lassen, beispielsweise direkt über das integrierte Terminal. Wenn wir ein Rust-Programm über das Terminal starten wollen, müssen wir zuerst in das Verzeichnis wechseln, in dem sich unsere Rust-Datei befindet. Das können wir mit dem Befehl „cd C:\Rust\rust_tutorial\src". Danach können wir über das Terminal die Datei mit dem Befehl „rustc main.rs" kompilieren lassen. Im Ordner der main-Datei befindet sich jetzt eine ausführbare Datei „main.exe". Diese können wir über das Terminal mit dem Befehl „.\main.exe" oder „cargo run" ausführen:

Wir sehen jetzt unsere Ausgabe „Hello, world!" im Terminal. Wenn wir Rust-Programme auf diese Art und Weise ausführen wollen, müssen wir jedes Mal, wenn wir den Quellcode ändern, die Datei erneut kompilieren und starten. Ansonsten wird immer die zuletzt kompilierte Version ausgeführt. Wenn wir beispielsweise die Zeichenkette „, world" in der println-Anweisung streichen und das Programm über den Befehl „.\main.exe" erneut ausführen, erhalten wir immer noch die Ausgabe „Hello, world!".

Um nicht bei jeder Programmänderung erneut kompilieren müssen, bietet die Erweiterung „rust-analyzer" die „Run-Funktion" an. Die Erweiterung können wir wieder im Menüband links über „Extensions" auswählen und installieren:

Nach der Installation sehen wir über der main-Funktion das Pfeil-Symbol und die Optionen „Run | Debug". Jetzt können wir jedes Rust-Programm einfach per Mausklick auf „Run" ausführen, auch ohne ein Verzeichnis im Terminal angeben zu müssen:

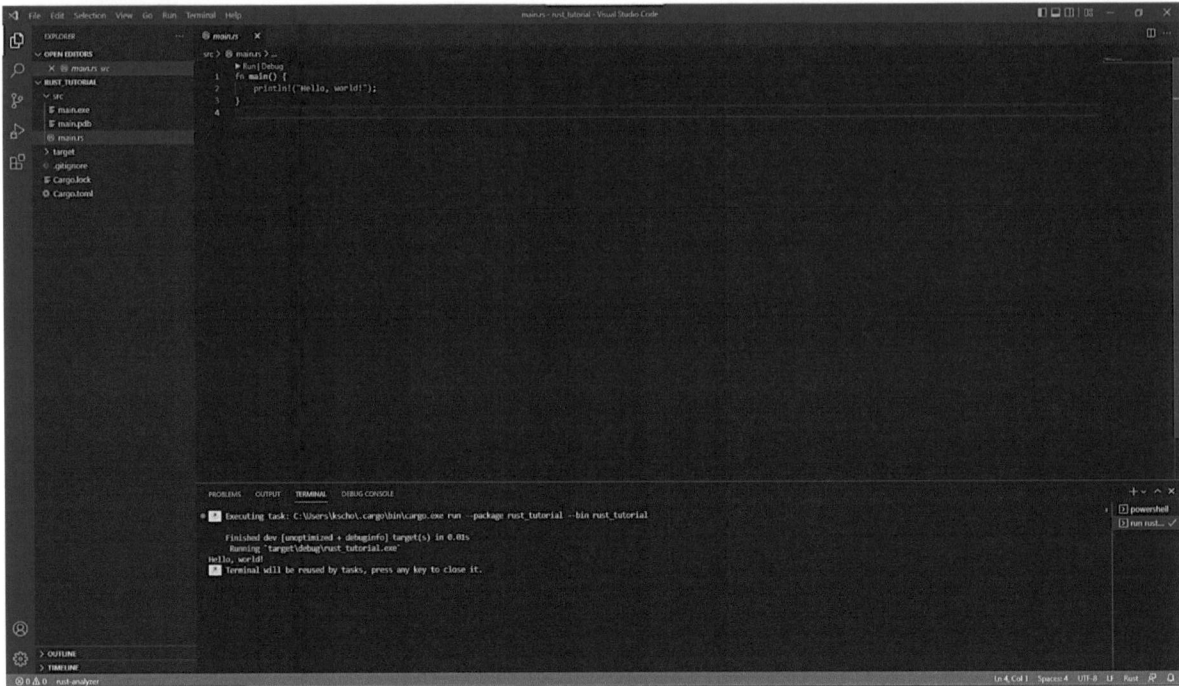

Abgesehen davon liefert diese Extension nützliche Hilfestellungen beim Programmieren; wenn wir Begriffe in den Editor schreiben, werden automatisch passende Funktionen herausgesucht und in einem kleinen Fenster zur Auswahl angezeigt.

1.6 Der erste Code

Die main-Funktion ist der Startpunkt unseres Programmes. Diese setzt sich zusammen aus dem Kopf der Funktion, die aus dem Schlüsselwort „fn" (für Function) und „main" (für den Namen der Funktion), sowie den runden Klammern und der offenen geschweiften Klammer besteht, dem Methodenkörper, der den „println!"-Befehl enthält und der schließenden geschweiften Klammer. Für den Anfang ist es wichtig zu wissen, dass der ausführbare Code innerhalb der geschweiften Klammern steht und dass dieser eingerückt ist. Die Einrückung ist nicht zwingend, aber optisch sehr sinnvoll und sollte auf jeden Fall beachtet werden.

Eine Ausgabeanweisung erzeugt die „println!"-Funktion. In die geschweiften Klammern der Funktion wird der Text geschrieben, der ausgegeben werden soll. Die Funktion erzeugt einen Zeilenumbruch nach der Ausgabe. Alternativ kann auch die „print!"-Anweisung genutzt werden; diese Funktion macht das Gleiche, nur ohne Zeilenumbruch nach der Ausgabe. Den Unterschied sehen wir nach dem Start des folgenden Programmcodes:

```
fn main() {
    print!("...");
    println!("Hello!");
    print!("...");
}
```

Konsolenausgabe:

```
...Hello!
...
```

In unseren Code können wir auch Kommentare einfügen. Kommentare sind kein ausführbarer Code, sondern ein Hinweis für den Programmierer, was im entsprechenden Code passiert oder passieren soll. Einen Kommentar können wir mit „//" einleiten:

```
// Hier wird Text ausgegeben
```

Vor allem in größeren Programmen oder schwierigen Codesegmenten sind Kommentare sinnvoll.

Kommentare können sich auch über mehrere Zeilen erstrecken. Eingeleitet wird ein mehrzeiliger Kommentar mit „/*", beendet mit „*/". Kommentare machen beispielsweise auch dann Sinn, wenn wir einzelne Codeblöcke nicht ausführen lassen wollen, um eine andere Codevariante zu testen, den Code selbst aber noch nicht verwerfen möchten. Das nennt man auskommentieren. Wir kommentieren unsere drei Codezeilen wie folgt aus:

```
/*
print!("...");
println!("Hello!");
print!("...");
*/
```

Wenn wir das Programm jetzt starten, erhalten wir keine Ausgabe.

2 Variablen

Variablen benötigen wir in unserem Programmcode immer dann, wenn wir Werte abspeichern müssen, beispielsweise wenn wir diese wiederverwenden und abändern wollen.

2.1 Deklaration und Initialisierung von Variablen

Bevor wir eine Variable in unserem Programm nutzen können, müssen wir diese deklarieren. Die Deklaration einer Variablen erfolgt mit den Schlüsselwörtern „let mut". Danach bestimmen wir den Namen der Variablen:

```
let mut erste_zahl;
```

Nachdem wir die Variable deklariert haben, können wir diese initialisieren. Die Initialisierung einer Variablen bedeutet, dass wir dieser (erstmalig) einen passenden Wert zuweisen. Die Wertzuweisung erfolgt durch den Zuweisungsoperator, dem Gleichheitszeichen:

```
erste_zahl = 3;
```

Die Deklaration und Initialisierung ist auch in einer Codezeile möglich:

```
let mut zweite_zahl = 300;
```

Den Wert der Variablen können wir nachträglich ändern, indem wir dieser einen neuen Wert zuweisen:

```
Zweite_zahl = 5;
```

2.2 Variablen in Konsolenausgabe verwenden

Variablen können mithilfe eines Platzhalters in der Konsole ausgegeben werden. Der Platzhalter muss in ein String-Literal eingefügt werden, danach – mit einem Komma getrennt – die Variable selbst:

```
println!("{}", erste_zahl);
```

Wenn ein Text ausgegeben werden soll, bestimmt der Platzhalter, wo der Wert der Variablen ausgegeben wird, beispielsweise nach dem Text:

```
println!("erste Zahl: {}", erste_zahl);
```

Wenn mehrere Variablen im Rahmen einer Konsolenausgabe ausgegeben werden sollen, bestimmen mehrere Platzhalter automatisch die Reihenfolge, in der die Variablen ausgegeben werden:

```
println!("erste Zahl: {} \tzweite Zahl: {}", erste_zahl, zweite_zahl);
```

Die Reihenfolge der Ausgabe kann auch konkret angegeben und geändert werden. Die Reihenfolge der Ausgabe beginnt bei 0 (nicht 1) zu zählen:

```
println!("erste Zahl: {0} \tzweite Zahl: {1}", erste_zahl, zweite_zahl);
println!("erste Zahl: {1} \tzweite Zahl: {0}", erste_zahl, zweite_zahl);
```

Konsolenausgabe:

```
3
erste Zahl: 3
erste Zahl: 3     zweite Zahl: 5
erste Zahl: 3     zweite Zahl: 5
erste Zahl: 5     zweite Zahl: 3
```

2.3 Primitive Datentypen

Die Programmiersprache Rust bietet eine Vielzahl von Datentypen an, die wir für Variablen verwenden können. Die Datentypen unterscheiden sich vom Inhalt, den diese verarbeiten können und vom Wertebereich, der wiederum vom Speicherbedarf abhängt. Vor allem bei Ganzzahlen wird der Unterschied im Wertebereich deutlich. Je größer die Zahl sein kann, die der jeweilige Datentyp aufnehmen und verarbeiten kann, desto mehr Arbeitsspeicher verlangt diese Variable unserem Rechner ab.

Für Ganzzahlvariablen wird grundsätzlich der Datentyp „i32" verwendet, für Fließkommazahlen der Datentyp „f64".

Ansonsten kommt es im Wesentlichen darauf an, wofür wir eine Variable benötigen. Wenn wir beispielsweise ein einzelnes Zeichen speichern wollen, verwenden wir den Datentyp „char", wenn wir einen Wahrheitswert verwenden wollen, nehmen wir den Datentyp „bool".

Die wichtigsten primitiven Datentypen sind die folgenden:

Ganzzahlen mit Vorzeichen	i8, i16, i32, i64, i128, isize (Standard: i32)
Ganzzahlen ohne Vorzeichen	u8, u16, u32, u64, u128, usize
Kommazahlen	f32, f64 (Standard: f64)
Unicode-Zeichen	char
Wahrheitswerte	bool
Unit	() (leeres Tupel), vergleichbar mit „null"

Die Zahl hinter dem ersten Buchstaben des Datentyps gibt die Anzahl der Bits an, die an Speicherplatz für diese Variable zur Verfügung stehen. Ein Bit ist die kleinste Speichereinheit. Je mehr Bit einer Variable an Speicherplatz zur Verfügung gestellt wird, desto größer ist auch der für diese Variable verfügbare Wertebereich.

Ganzzahl-Variablen:

Bei Ganzzahl-Variablen besteht die Möglichkeit, diese mit Vorzeichen (und damit auch negative Ganzzahlen) und ohne Vorzeichen zu bestimmen. Das „i" steht hierbei für „integer", das „u" steht für „unsigned integer". Wird kein bestimmter Datentyp explizit angegeben, wird der Datentyp „i32" bestimmt.

Der Datentyp „isize" hängt vom jeweiligen Computer ab und bestimmt die Anzahl der Bits, die nötig sind, um eine Speicherstelle im Rechner anzusteuern.

Mit folgendem Code können die jeweiligen Speicherbedarfe der einzelnen Datentypen auf unserem Rechner ausgegeben werden:

```
println!("\nWertebereiche Ganzzahlen mit Vorzeichen:");
println!("i8    von {} bis {}", i8::MIN, i8::MAX);
println!("i16   von {} bis {}", i16::MIN, i16::MAX);
println!("i32   von {} bis {}", i32::MIN, i32::MAX);
println!("i64   von {} bis {}", i64::MIN, i64::MAX);
println!("i128  von {} bis {}", i128::MIN, i128::MAX);
println!("isize von {} bis {}", isize::MIN, isize::MAX);

println!("\nWertebereiche Ganzzahlen ohne Vorzeichen:");
println!("u8    von {} bis {}", u8::MIN, u8::MAX);
println!("u16   von {} bis {}", u16::MIN, u16::MAX);
println!("u32   von {} bis {}", u32::MIN, u32::MAX);
println!("u64   von {} bis {}", u64::MIN, u64::MAX);
println!("u128  von {} bis {}", u128::MIN, u128::MAX);
println!("usize von {} bis {}", usize::MIN, usize::MAX);
```

Kommazahl-Variablen:

Bei Kommazahlen bestimmt die Anzahl der für die Variable zur Verfügung stehenden Bits die Genauigkeit der Kommazahl. Eine Variable des Datentyps „f64" ist damit doppelt genau wie eine Variable des Datentyps „f32". Das „f" steht hierbei für „float", aus anderen Programmiersprachen kennt man auch die Bezeichnung „double" für die genauere Kommazahl. Standardmäßig nimmt Rust den Datentyp „f64" für Kommazahlen an.

Datentypen explizit angeben:

Datentypen können auch explizit angegeben werden. Bei Ganzzahl-Variablen kann beispielsweise ein anderer Datentyp bestimmt werden, damit während der Laufzeit des Programms weniger Speicherplatz erforderlich wird. Umgekehrt kann ein größerer Datentyp als „i32" bestimmt werden, wenn zu einem späteren Zeitpunkt größere Zahlenbereiche gespeichert werden müssen. Dabei wird nach dem Namen der Variablen ein Doppelpunkt gesetzt und anschließend der Datentyp angegeben:

```
let mut ganz_zahl: i8 = 42;
let mut komma_zahl: f32 = 33.17;
let mut zeichen: char = 'c';
let mut wahrheits_wert: bool = true;

println!("{}", ganz_zahl);
println!("{}", komma_zahl);
println!("{}", zeichen);
println!("{}", wahrheits_wert);
```

Bei Zahlen kann der Datentyp auch an das Ende der Zahl angehängt werden:

```
let mut ganz_zahl= 42i8;
let mut komma_zahl = 33.17f32;
```

Konsolenausgabe:

```
Wertebereiche Ganzzahlen mit Vorzeichen:
i8    von -128 bis 127
i16   von -32768 bis 32767
i32   von -2147483648 bis 2147483647
i64   von -9223372036854775808 bis 9223372036854775807
i128  von -170141183460469231731687303715884105728 bis
170141183460469231731687303715884105727
isize von -9223372036854775808 bis 9223372036854775807

Wertebereiche Ganzzahlen ohne Vorzeichen:
u8    von 0 bis 255
u16   von 0 bis 65535
u32   von 0 bis 4294967295
u64   von 0 bis 18446744073709551615
u128  von 0 bis 340282366920938463463374607431768211455
usize von 0 bis 18446744073709551615
42
33.17
c
true
```

2.4 Operatoren für Variablen

Operatoren verknüpfen zwei Werte miteinander, um mit diesen Werten eine „Operation" durchzuführen. Beispielsweise kennen wir den Begriff „Rechenoperation" auch aus der Mathematik.

Den Zuweisungsoperator („=") kennen wir schon, weil wir diesen für die Zuweisung eines Wertes an eine Variable benötigt haben. Die Rechenoperatoren aus der Mathematik, die sog. arithmetischen Operatoren +, -, X und / können wir bei der Berechnung von Werten für oder mit Variablen ebenfalls verwenden:

```
let mut zahl = 3 + 5;
println!("{}", zahl);

zahl = 8 - 3;
println!("{}", zahl);

zahl = 10 * 2;
println!("{}", zahl);

zahl = 10 / 2;
println!("{}", zahl);
```

Ein weiterer Rechenoperator ist der Modulo-Operator, mit dem sich der Restwert aus einer Division von zwei Zahlen ermitteln lässt. Mithilfe des Modulo-Operators kann sich beispielsweise leicht feststellen lassen, ob eine Zahl gerade ist (dann ergibt die Zahl Modulo 2 immer 0, ansonsten 1):

```
let mut rest = zahl % 2;
println!("{}", rest);
```

Einer Variablen können wir auch das Ergebnis aus einer Rechenoperation aus zwei anderen Variablen übergeben:

```
let mut zweite_zahl = 10;
let mut ergebnis = zahl + zweite_zahl;
println!("{}", ergebnis);
```

Alternativ können wir die Berechnung auch direkt in der Konsolenausgabe durchführen lassen. In diesem Fall würden wir die Variable „ergebnis" nicht benötigen.

```
println!("{}", zahl + zweite_zahl);
```

Eine Variable kann auch durch Verwendung ihres eigenen Wertes sich selbst einen neuen Wert zuweisen. Dieses Prinzip ist für die Programmierung sehr wichtig und kommt häufig bei der Wiederverwendung von Variablen unter Verwendung des bisherigen Wertes, beispielsweise im Rahmen von Schleifen (dazu später mehr) vor:

```
zahl = zahl + 1;
println!("{}", zahl);

zahl = zahl * 2;
println!("{}", zahl);
```

Die arithmetischen Operatoren können wir auch mit dem Zuweisungsoperator kombiniert verwenden. Statt „zahl = zahl + 1" können wir den Code „zahl += 1" verwenden:

```
zahl += 5;
println!("{}", zahl);

zahl -= 3;
println!("{}", zahl);

zahl *= 2;
println!("{}", zahl);

zahl /= 4;
println!("{}", zahl);
```

Konsolenausgabe:

```
8
5
20
5
1
15
15
6
12
```

```
17
14
28
7
```

2.5 Namenskonventionen

Variablen können auf unterschiedliche Arten und Weisen benannt werden. Hierfür gibt es grundsätzlich zwei empfehlenswerte Varianten, nämlich die CamelCase und die Snake_Case-Schreibweise:

```
let mut erste_zahl;   // Snake_Case
let mut ersteZahl;    // CamelCase
```

Die CamelCase-Schreibweise kann auch mit einem Präfix für den Datentyp verwendet werden, damit der Datentyp am Namen der Variablen erkannt werden kann:

```
Let mut int_erste_zahl;
```

Möglich, aber vor allem für Zahlvariablen nicht unbedingt empfehlenswert, ist die Verwendung einer Zahl im Namen der Variablen:

```
let mut zahl_1;
```

Nicht möglich ist die Verwendung von Zahlen als erstes Zeichen, Sonderzeichen oder dem Punkt im Namen der Variablen:

```
let mut 1.zahl;     // führt zu Fehlermeldung
```

Die Programmiersprache Rust sieht für die Benennung von Variablen als Konvention vor, den Snake_Case zu verwenden. Wie der Name schon sagt, ist das nicht zwingend, sondern eine Richtlinie, an die wir uns aber in den folgenden Kapiteln halten werden.

Für Funktionen, Methoden, statische Variablen, etc. gibt es ebenfalls Namenskonventionen. Für Funktionen und Methoden wird der Snake_Case verwendet, für statische Variablen und Konstanten der SCREAMING_SNAKE_CASE, der vorgibt, dass der komplette Name von statischen Variablen und Konstanten großgeschrieben wird.

2.6 Unveränderbare Variablen und Shadowing

Unveränderbare Variablen werden ohne das Schlüsselwort „mut" deklariert. Der Wert dieser Variablen kann damit nicht mehr geändert werden. Folgender Code funktioniert also nicht:

```
let zahl = 12;
zahl = 19;              // Codezeile führt zu Fehlermeldung
```

In der Programmiersprache Rust ist es aber möglich, eine Variable mit demselben Namen ein zweites Mal zu deklarieren. Die Variable ist als solche nicht veränderbar, kann aber durch eine erneute Deklaration „überdeckt" werden. Dieser Vorgang wird auch als „Shadowing" bezeichnet. Folgender Code funktioniert. Die Variable wird hier mit dem Wert „19" ausgegeben:

```
let zahl = 12;
let zahl = 19;
println!("{}", zahl);
```

Praktisch nutzbar ist das „Shadowing" vor allem bei der Zuweisung eines neuen Wertes, der nicht demselben Datentyp wie dem der vorherigen Zuweisung entspricht. Wird einer Variablen eine Ganzzahl zugewiesen, erhält diese den Datentyp einer Ganzzahl. Die Zuweisung einer Kommazahl ist anschließend nicht ohne weiteres möglich. In folgendem Code wird einer veränderbaren Variablen ein neuer Wert zugewiesen, der nicht dem ursprünglichen Datentyp entspricht, was zu einer Fehlermeldung führt:

```
let mut zweite_zahl = 10;
zweite_zahl = 10.5;      // Codezeile führt zu Fehlermeldung
```

Nach Anwendung des „Shadowing" ergibt sich bei der Wertzuweisung kein Problem:

```
let zweite_zahl = 10;
let zweite_zahl = 10.5;
println!("{}", zweite_zahl);
```

Das „Shadowing" funktioniert auch bei veränderbaren Variablen:

```
let mut dritte_zahl = 10;
let mut dritte_zahl = 10.5;
println!("{}", dritte_zahl);
```

Konsolenausgabe:

```
19
10.5
10.5
```

2.7 Konstanten

Variablen können wir auch konstante Werte übergeben. Der Sinn und Zweck von Konstanten besteht darin, Werte zu verwenden, die wir im Programm selbst oder durch eine Nutzereingabe, o. ä., nicht mehr verändern können sollen. Hierfür verwenden wir im Regelfall Werte, die standardmäßig in bestimmter Weise festgelegt sind. Klassische Beispiele sind der Mehrwertsteuersatz oder die Zahl Pi.

Konstanten werden durch das Schlüsselwort „const" definiert. Die Namenskonvention für Konstanten sieht den „SCREAMING SNAKE CASE" vor. Bei Konstanten sind zwei Dinge zwingend anzugeben, nämlich der Datentyp und einen festen Wert:

```
const PI: f64 = 3.141592;
const MEHRWERT_STEUER_SATZ: f32 = 0.19;
```

Beide Konstanten können wie „gewöhnliche" Variablen auch, u. a. im Rahmen von Berechnungen verwendet werden:

```
let mut radius = 3.44;
let mut flaechen_inhalt = PI * radius * radius;
println!("Flächeninhalt: {}", flaechen_inhalt);

let mut netto_preis = 12.45;
let mut brutto_preis = netto_preis + netto_preis * MEHRWERT_STEUER_SATZ;
println!("Brutto-Preis: {}", brutto_preis);
```

Konstanten sind dazu gedacht, dass ihr Wert in keinem Fall verändert werden kann. Die Veränderung des Mehrwertsteuer-Satzes würde deshalb zu einer Fehlermeldung führen:

```
MEHRWERT_STEUER_SATZ = 0.16;   // Codezeile führt zu Fehlermeldung
```

Im Gegensatz zur unveränderbaren Variablen ist bei Konstanten auch kein „Shadowing" möglich. Konstanten sind also nicht nur unveränderbar, sondern auch nicht überdeckbar.

Konsolenausgabe:

```
Flächeninhalt: 37.1763430912
Brutto-Preis: 14.8155
```

2.8 Typumwandlung

Die Programmiersprache Rust ist relativ streng im Hinblick auf deren Datentypen. Das macht sich zum einen schon bei der Wertzuweisung bemerkbar, wenn ein bestimmter Wertebereich eines Ganzzahl-Datentyps überschritten wird.

Nehmen wir eine Variable des Datentyps „u8", die mit dem Wert 215 initialisiert wird, erhalten wir eine Fehlermeldung, wenn wir dieser Variablen anschließend den Wert 500 zuweisen:

```
let mut zahl: u8 = 215;
zahl = 500;              // führt zu Fehlermeldung
```

Besonders problematisch kann die Typisierung bei der Berechnung verschiedener Zahlen sein. Für eine Addition von zwei Zahlen verwenden wir Variablen mit unterschiedlichen Ganzzahl-Datentypen:

```
let erste_zahl:u8 = 215;
```

```
let zweite_zahl:u16 = 315;
```

Die Zuweisung des Rechenergebnisses an die Variable „ausgabe" <u>führt hier zu einer Fehlermeldung</u>:

```
let ausgabe:u16 = erste_zahl + zweite_zahl;
```

Wandeln wir aber die Variable „erste_zahl" in den Datentyp „u16" um, ist die Addition problemlos möglich:

```
let ausgabe:u16 = erste_zahl as u16 + zweite_zahl;
println!("{}", ausgabe);
```

Ein Problem bekommen wir bei der Überschreitung der Wertobergrenze, wenn in den kleineren Datentyp umgewandelt wird. Folgender Code wird auch nicht funktionieren:

```
let ausgabe:u8 = erste_zahl + zweite_zahl as u8;
```

Auch bei der Berechnung zwischen Kommazahlen und Ganzzahlen ist eine Typumwandlung erforderlich. Folgender Code liefert eine Fehlermeldung:

```
let erste_zahl = 5.55;
let zweite_zahl = 50;
let ausgabe = erste_zahl + zweite_zahl;    // führt zu Fehlermeldung
```

Die Umwandlung der Variable „zweite_zahl" in den Datentyp „f64" löst das Problem:

```
let ausgabe = erste_zahl + zweite_zahl as f64;
println!("{}", ausgabe);
```

Umgekehrt kann eine Kommazahl auch in eine Ganzzahl umgewandelt werden. Nachkommastellen werden dabei abgeschnitten:

```
let ausgabe = erste_zahl as i32 + zweite_zahl;
println!("{}", ausgabe);
```

Die Typumwandlung können wir auch im Rahmen einer Ausgabeanweisung durchführen, hier bei der Kommazahl 5,55:

```
println!("{}", erste_zahl as i32);
```

<u>Konsolenausgabe:</u>

```
530
55
```

2.9 Variablen für Nutzereingabe verwenden

Zur Speicherung und Weiterverwendung von Benutzereingaben gibt es in Rust verschiedene Möglichkeiten.

Um Benutzereingaben entgegenzunehmen, müssen wir das „io"-Modul aus der Standardbibliothek verwenden. Die entsprechende Importanweisung wird vor dem Beginn der main-Funktion programmiert:

```
use std::io;
fn main() {
    ...
```

Zur Speicherung der Nutzereingabe wird ein String benötigt. Ein String ist eine Zeichenkette, also ein Datentyp, in den Texte gespeichert werden können. Ein leerer String wird mit dem „::"-Operator und dem Aufruf der „new"-Funktion erzeugt:

```
let mut eingabe_text = String::new();
```

Anschließend fordern wir zur Eingabe eines Textes auf. Um den eingegebenen Text in die Variable zu speichern, wird aus dem „io"-Modul die „stdin"-Funktion mit dem Punkt-Operator aufgerufen, anschließend die „read_line"-Funktion. Der „read_line"-Funktion wird die Variable übergeben, in die die Eingabe gespeichert werden soll. Für den Fall, dass das Einlesen nicht erfolgreich war, kann die „expect"-Funktion mit einem entsprechenden Mitteilungstext verwendet werden:

```
println!("Gib einen Text ein:");
io::stdin().read_line(&mut eingabe_text).expect("Eingabe konnte nicht gelesen werden.");
```

Den eingegebenen Text geben wir aus. Dabei nutzen wir die „trim"-Funktion, um den Zeilenumbruch zu entfernen:

```
println!("Deine Eingabe: {}", eingabe_text.trim());
```

Für die Konvertierung der nächsten Eingabe in eine Ganzzahl erschaffen wir eine weitere Variable vom Datentyp String und weisen die nächste Eingabe dieser Variablen zu:

```
let mut eingabe_zahl = String::new();
println!("Gib eine Ganzzahl ein:");
io::stdin().read_line(&mut eingabe_zahl).expect("Eingabe konnte nicht gelesen werden.");
```

Um die Eingabe in eine Ganzzahl umzuwandeln, sollte der Text zunächst getrimmt werden, anschließend wird die „parse"-Funktion verwendet Um Probleme zu vermeiden, wird zusätzlich die „unwrap"-Funktion verwendet:

```
let eingabe_zahl: i32 = eingabe_zahl.trim().parse().unwrap();
```

Um zu testen, ob die eingegebene Zahl nun tatsächlich eine Zahl ist (und nicht mehr ein String), verwenden wir diese im Rahmen einer Konsolenausgabe:

```
println!("Eingegebene Ganzzahl + 3 = {}", eingabe_zahl + 3);
```

Eine weitere Eingabe soll in eine Kommazahl umgewandelt werden:

```
let mut eingabe_komma_zahl = String::new();
println!("Gib eine Kommazahl ein (Format: 1.23):");
io::stdin().read_line(&mut  eingabe_komma_zahl).expect("Eingabe  konnte  nicht
gelesen werden.");
```

Die Umwandlung des Strings in die Kommazahl ist mit beinahe dem gleichen Code möglich, nur dass hier in den Datentyp „f64" umgewandelt wird:

```
let eingabe_komma_zahl: f64 = eingabe_komma_zahl.trim().parse().unwrap();
println!("Eingegebene Kommazahl + 3,3 = {}", eingabe_komma_zahl + 3.3);
```

Konsolenausgabe:

```
Gib einen Text ein:
Hallo, wie gehts?
Deine Eingabe: Hallo, wie gehts?
Gib eine Ganzzahl ein:
5
Eingegebene Ganzzahl + 3 = 8
Gib eine Kommazahl ein (Format: 1.23):
5.5
Eingegebene Kommazahl + 3,3 = 8.8
```

2.10 Programmieraufgabe 1

Schreibe ein kleines Rechenprogramm.

Das Programm soll darum bitten, nacheinander zwei Zahlen einzugeben.

Das Programm soll anschließend folgende Berechnungsergebnisse der beiden Zahlen (1. Zahl + 2. Zahl, 1. Zahl – 2. Zahl, 1. Zahl X 2. Zahl und 1. Zahl / 2. Zahl) untereinander wie folgt ausgeben:

Summe: ...

Differenz: ...

Produkt: ...

Quotient: ...

Hinweis: Das Programm kann entweder Ganzzahlen oder Gleitkommazahlen als Eingabe entgegennehmen. Bei der Berechnung des Quotienten muss eine Gleitkommazahl als Ergebnis ausgegeben werden.

Viel Spass und viel Erfolg !

2.11 Lösungsvorschlag Programmieraufgabe 1

Konsolenausgabe:

```
Dieses Programm rechnet mit zwei eingegebenen Zahlen.
Bitte gib die erste Zahl ein:
3.3
Bitte gib die zweite Zahl ein:
5
Summe:          8.3
Differenz:      -1.7000000000000002
Produkt:        16.5
Quotient:       0.6599999999999999
```

Code:

```rust
use std::io;

fn main() {

    println!("Dieses Programm rechnet mit zwei eingegebenen Zahlen.");

    let mut erste_zahl = String::new();
    println!("Bitte gib die erste Zahl ein:");
    io::stdin().read_line(&mut erste_zahl).expect("Eingabe konnte nicht gele-
sen werden.");
    let erste_zahl: f64 = erste_zahl.trim().parse().unwrap();

    let mut zweite_zahl = String::new();
    println!("Bitte gib die zweite Zahl ein:");
    io::stdin().read_line(&mut zweite_zahl).expect("Eingabe konnte nicht gele-
sen werden.");
    let zweite_zahl: f64 = zweite_zahl.trim().parse().unwrap();

    println!("Summe:\t\t{}", erste_zahl + zweite_zahl);
    println!("Differenz:\t{}", erste_zahl - zweite_zahl);
    println!("Produkt:\t{}", erste_zahl * zweite_zahl);
    println!("Quotient:\t{}", erste_zahl / zweite_zahl);

// Alternativ bei Nutzung des Datentyps „i32":
    println!("Quotient:\t{}", erste_zahl as f64 / zweite_zahl as f64);

}
```

2.12 Der Datentyp String und &str

Mit dem Datentyp „String" lassen sich Zeichenketten in eine Variable speichern.

In der Programmiersprache Rust existieren mehrere Arten von Strings, die wir im folgenden Video kennenlernen, hauptsächlich den Datentyp String und den Datentyp „&str".

Der Datentyp String ist der Standard-String, wird also am häufigsten bei der Verwendung und Weiterverarbeitung von Zeichenketten und Texten genutzt.

Einen String können wir auf verschiedene Arten und Weisen erzeugen. Ein neue String-Variable lässt sich mit folgendem Code erzeugen:

```rust
let mut text_1 = String::new();
```

Diese Variable enthält noch keinen Text, sondern nur einen Leer-String. In einigen Konstellationen ist es aber nützlich, einen Leer-String zu erzeugen, wie beispielsweise für die Bereitstellung einer Nutzereingabe.

Ebenso lässt sich eine String-Variable schon mit vorgegebenem Text erzeugen und dabei gleichzeitig initialisieren. Dabei können wir die „from"-Funktion nutzen:

```rust
let mut text_2 = String::from("Text");
```

Das gleiche Ergebnis erhalten wir durch die Verwendung der „to_string"-Funktion:

```rust
let mut text_3 = "Text".to_string();
```

Für die Ausgabe von String-Variablen werden ebenfalls Platzhalter benötigt:

```rust
println!("{}, {}, {}", text_1, text_2, text_3);
```

Der zweite String-Typ ist der „&str". Der „&str" ist nur eine geliehene Variable, also eine Repräsentation im Speicher. Eine Variable erhält automatisch den Datentyp „&str", wenn dieser ein Text direkt zugewiesen wird:

```rust
let anderer_text = "Text";
println!("{}", anderer_text);
```

Der „&str" ist genauer gesagt ein String-Slice. Zu diesem Thema kommen wir später noch.

Praktisch gesehen bestehen für den „&str"-Datentyp deutlich weniger Möglichkeiten, diesen zu verarbeiten. Denn die meisten der Funktionen zur Verarbeitung von Strings stammen aus der Klasse String, aus der der Datentyp String gebildet wird.

Mit dem „&str"-Datentyp ist hier deutlich weniger möglich, was wir an der Verwendung des Punkt-Operators sehen können. Nehmen wir eine weitere Variable, in die wir den Rückgabewert einer Funktion schreiben:

```rust
let mut string_text = anderer_text.to_uppercase();
```

```
println!("{}", string_text);
```

Der Datentyp der Variablen „string_text" wird durch die Zuweisung zu einem String.

Mit dem Datentyp String stehen uns deutlich mehr Funktionen zur Verfügung, beispielsweise die „pop"-oder die „push"-Funktion:

```
string_text.pop();
println!("{}", string_text);
```

Zeichenketten sind in UTF-8 kodiert. Texte sind also in verschiedenen Sprachen möglich, wie die folgenden Codezeilen beweisen:

```
let hello = String::from("السلام عليكم");
println!("\n{}", hello);
let hello = String::from("Dobrý den");
println!("{}", hello);
let hello = String::from("Olá");
println!("{}", hello);
let hello = String::from("Здравствуйте");
println!("{}", hello);
```

Konsolenausgabe:

```
, Text, Text
Text
TEX

السلام عليكم
Dobrý den
Olá
Здравствуйте
```

2.13 String-Funktionen

Wie viele andere Programmiersprachen stellt Rust eine Vielzahl von Funktionen zur Verfügung, mit denen Strings verarbeitet werden können. Die wichtigsten dieser Funktionen werden wir in den folgenden Codebeispielen nutzen.

Wir erzeugen uns hierfür einen String:

```
let mut text = String::from("Das ist ein Beispieltext");
println!("{}", text);
```

Eine wichtige Funktion ist die „push_str"-Funktion, mit der Strings um weitere Zeichenketten erweitert werden können:

```
text.push_str(" mit mehr Text");
println!("{}", text);
```

Mit der „push"-Funktion kann ein String um ein einzelnes Zeichen erweitert werden:

```
text.push('!');
println!("{}", text);
```

Strings können mit weiteren Texten verkettet werden. Die Verkettung erfolgt durch den „+ Operator"
und erweitert den Text um den angefügten Text:

```
text += " Ein neuer Satz";
println!("{}", text);
```

Bei der Verkettung müssen wir beachten, dass der ursprüngliche String mit einem String-Slice, also dem
Datentyp „&str" verkettet wird. Die Verkettung mit einem weiteren Text vom Datentyp String erfolgt
ebenfalls durch den „&str". Wie das folgende Beispiel zeigt, müssen wir das „&" vor einen anzufügen-
den String schreiben:

```
let zusatz_text = String::from(" mit weiterem Text.");
text += &zusatz_text;
println!("{}", text);
```

Auch die „push_str"-Funktion kann einen anderen String nicht direkt annehmen. Die Erweiterung des
Textes mit dem Zusatztext funktioniert hier nur mithilfe des „Borrowing"; dabei muss das Ampersand
(„&"-Zeichen) genutzt werden:

```
let zusatz_text = String::from(" mit weiterem Text.");
text.push_str(&zusatz_text);
println!("{}", text);
```

Die Anzahl der Zeichen des Textes können wir mit der „len"-Funktion ermitteln. Leerzeichen werden
dabei mitgezählt:

```
println!("Anzahl Zeichen: {}", text.len());
```

Texte können mithilfe der „to_uppercase"- und der „to_lowercase"-Funktionen komplett in Groß-,
bzw. Kleinbuchstaben umgewandelt werden:

```
text = text.to_uppercase();
println!("{}", text);
text = text.to_lowercase();
println!("{}", text);
```

Mithilfe der „pop"-Funktion können wir das letzte Zeichen im Text löschen:

```
text.pop();
println!("{}", text);
```

Mit der „remove"-Funktion kann ein bestimmtes Zeichen im Text gelöscht werden. Der Funktion muss eine Zahl übergeben werden, die den Index bestimmt. Das erste Zeichen hat hierbei den Index-Wert 0. Das sechste Zeichen wird also durch Angabe der Zahl 5 gelöscht:

```
text.remove(5);
println!("{}", text);
```

Mit der „insert"-Funktion kann ein einzelnes Zeichen in einen String eingefügt werden:

```
text.insert(5, 's');
println!("{}", text);
```

Mit der „insert_str"-Funktion kann eine Zeichenkette in den String eingefügt werden:

```
text.insert_str(28, " viel");
println!("{}", text);
```

Mit der „replace"-Funktion kann ein Teil des Textes durch einen anderen Text ersetzt werden. Dem String muss dabei der geänderte String neu übergeben werden:

```
text = text.replace("mehr", "viel");
println!("{}", text);
```

Wenn wir einen Text vollständig ersetzen wollen, können wir hierfür die „to_string"-Funktion verwenden:

```
text = "Und tschüss...".to_string();
```

Konsolenausgabe:

```
Das ist ein Beispieltext
Das ist ein Beispieltext mit mehr Text
Das ist ein Beispieltext mit mehr Text!
Das ist ein Beispieltext mit mehr Text! Ein neuer Satz
Das ist ein Beispieltext mit mehr Text! Ein neuer Satz mit weiterem Text.
Das ist ein Beispieltext mit mehr Text! Ein neuer Satz mit weiterem Text.
mit weiterem Text.
Anzahl Zeichen: 92
DAS IST EIN BEISPIELTEXT MIT MEHR TEXT! EIN NEUER SATZ MIT WEITEREM TEXT.
MIT WEITEREM TEXT.
das ist ein beispieltext mit mehr text! ein neuer satz mit weiterem text.
mit weiterem text.
das ist ein beispieltext mit mehr text! ein neuer satz mit weiterem text.
mit weiterem text
das it ein beispieltext mit mehr text! ein neuer satz mit weiterem text. mit
weiterem text
das ist ein beispieltext mit mehr text! ein neuer satz mit weiterem text.
mit weiterem text
das ist ein beispieltext mit viel mehr text! ein neuer satz mit weiterem
text. mit weiterem text
das ist ein beispieltext mit viel viel text! ein neuer satz mit weiterem
text. mit weiterem text
```

2.14 Programmieraufgabe 2

Erstelle einen Code, der das Ausgangswort

Ei_nlang7esw+ort

wie in der untenstehenden Abbildung in drei Schritten abändert.

Schritt 1:

Der Unterstrich, die Zahl 7 und das „+" müssen aus dem Wort entfernt werden.

Schritt 2

Hier müssen an die richtigen Stellen die Leerzeichen eingefügt werden.

Schritt 3:

Das letzte Wort soll großgeschrieben werden. Nutze hierfür die „replace"-Funktion.

Viel Spass und viel Erfolg!

2.15 Lösungsvorschlag Programmieraufgabe 2

Konsolenausgabe:

```
Ausgangswort: Ei_nlang7esw+ort
Schritt 1: Einlangeswort
Schritt 2: Ein langes wort
Schritt 3: Ein langes Wort
```

Code:

```rust
fn main() {

    let mut text = String::from("Ei_nlang7esw+ort");
    println!("Ausgangswort: {}", text);

    text.remove(2);
    text.remove(7);
    text.remove(10);
    println!("Schritt 1: {}", text);

    text.insert(3, ' ');
    text.insert(10, ' ');
    println!("Schritt 2: {}", text);

    text = text.replace("wort", "Wort");
    println!("Schritt 3: {}", text);

}
```

3 Arrays

Wenn unser Programm eine Liste von Zahlen oder Zeichen speichern und weiterverarbeiten soll, können wir für jede einzelne Zahl eine Variable verwenden (bspw. int zahlEins, int zahlZwei, int zahlDrei, usw.). Dabei würden wir aber eine Unmenge an Code benötigen. Außerdem wäre es für den Programmierer sehr unpraktisch, wenn für ein Programm, welches vielleicht sogar mehrere hundert oder tausend Zahlen speichern und verarbeiten soll, jede Zahl über eine einzelne Variable selbst anzusprechen.

Die Programmiersprache Rust bietet uns deshalb einige Möglichkeiten, wie wir mehrere Werte in einzelnen Datentypen speichern können. Der „typische" Datentyp hierfür ist das Array. Ein Array kann man sich wie eine Liste vorstellen, in die wir Werte speichern können.

3.1 Deklaration und Initialisierung von Arrays

Arrays werden wie Variablen deklariert, also mit dem Schlüsselwort „let" eingeleitet. Ein Array kann „mutable" sein, was wie bei Variablen bedeutet, dass die darin enthaltenen Werte veränderbar sind. Bei der Initialisierung eines Arrays sind die im Array enthaltenen Werte in eckige Klammern, mit Komma voneinander getrennt, zu schreiben:

```
let mut erstes_array = [0, 5, 7];
```

In der Deklaration des Arrays werden Datentyp und Anzahl der enthaltenen Werte festgelegt. Wie bei Variablen können für Arrays der Datentyp und die Anzahl der im Array enthaltenen Werte explizit festgelegt werden:

```
let mut erstes_array: [u8; 3] = [0, 5, 7];
```

In der Programmiersprache Rust haben Arrays eine fixe Größe. Die Array-Deklaration ist zwar ohne Initialisierung möglich. Bei der Initialisierung müssen wir aber auf die Dimensionsgröße achten:

```
let mut erstes_array: [u8; 3];
erstes_array = [0, 5, 7];
```

Das Array kann insgesamt nebeneinander oder untereinander ausgegeben werden über die Platzhalter „:?" oder „:#?":

```
println!("{:?}", erstes_array);
println!("{:#?}", erstes_array);
```

Einzelne Werte des Arrays werden über einen Index angesprochen, welcher in eckige Klammern geschrieben wird. Die Zählung beginnt bei 0. Bei einer Arraygröße von 3 ist also der höchste Index-Wert die 2.

Die erste Zahl des Arrays kann damit wie folgt geändert werden:

```
erstes_array[0] = 3;
```

Eine Addition der ersten Zahl und der dritten Zahl im Array können wir wie folgt ausgeben:

```
println!("1. Zahl + 3. Zahl: {}", erstes_array[0] + erstes_array[2]);
```

Auch bei Arrays ist das Shadowing möglich:

```
let zweites_array = [5.3, 10.2, 15.7];
let zweites_array = [8.5, 10.2, 15.7, 20.5];
```

Die Länge des Arrays erhalten wir mit der len-Funktion:

```
println!("Das zweite Array enthält {} Werte.", zweites_array.len());
```

Arrays lassen sich zerlegen und deren Einzelwerte in mehrere Variablen speichern, beispielsweise um diese einfacher ansprechen zu können:

```
let [a, b, c, d] = zweites_array;
println!("Zahl d - Zahl b im zweiten Array: {}", d - b);
```

Arrays können keine unterschiedlichen Datentypen speichern. Folgende Codezeile erzeugt eine Fehlermeldung:

```
let drittes_array = [2, 4, 1.5, 6];        // Codezeile führt zu Fehlermeldung
```

Konsolenausgabe:

```
[0, 5, 7]
[
    0,
    5,
    7,
]
1. Zahl + 3. Zahl: 10
Das zweite Array enthält 4 Werte.
Zahl d - Zahl b im zweiten Array: 10.3
```

3.2 Mehrdimensionale Arrays

In der Programmiersprache Rust besteht die Möglichkeit, mehrdimensionale Arrays zu erstellen. Klassischer Anwendungsfall ist das zweidimensionale Array, welches man sich wie eine Matrix, bzw. Tabelle vorstellen kann. Konkret bedeutet das, dass jede Dimension in einer zweidimensionalen Matrix ebenfalls ein Array enthält.

Im folgenden Beispielsfall wird ein zweidimensionales Array erschaffen, in dem jedes Array der ersten Dimension ein Array bestehend aus drei Zahlen enthält:

```
let mut zwei_dim_array = [[2, 4, 6], [3, 6, 9]];
```

Datentyp und Dimensionierung sind beim zweidimensionalen Array nach dem Namen des Arrays in der innersten Klammer anzugeben:

```
let mut erstes_zwei_dim_array: [[u16; 3]; 2] = [[2, 4, 6], [3, 6, 9]];
```

Die erste Dimensionierung bestimmt, wie viele Arrays im zweidimensionalen Array gespeichert sind, die zweite Dimension bestimmt, wie viele Zahlen jedes dieser Arrays enthält. Die einzelnen Arrays dürfen dabei keine unterschiedliche Anzahl an Werten abspeichern. Folgender Code führt somit zu einer Fehlermeldung:

```
let mut zwei_dim_array = [[2, 4, 6], [3, 6, 9, 12]];   // erzeugt Fehlermeldung
```

Die Array-Werte können wir ebenfalls mit dem Platzhalter „:?" als Matrix ausgeben lassen:

```
println!("{:?}", zwei_dim_array);
```

Einzelne Werte des Arrays werden mit Indizes für die erste und zweite Dimension angesprochen:

```
println!("Summe aller Zahlen aus der ersten Dimension: {}", zwei_dim_array[0][0] + zwei_dim_array[0][1] + zwei_dim_array[0][2]);
println!("Summe aller Zahlen aus der ersten Dimension: {}", zwei_dim_array[1][0] + zwei_dim_array[1][1] + zwei_dim_array[1][2]);
```

Die len-Funktion kann bei zweidimensionalen Arrays sowohl die Größe der ersten Dimension, wie auch die der zweiten Dimension zurückgeben:

```
println!("Länge erste Dimension: {}", zwei_dim_array.len());
println!("Länge zweite Dimension: {}", zwei_dim_array[0].len());
```

Mehr als zwei Dimensionen sind auch bei mehrdimensionalen Arrays möglich, aber praktisch weniger relevant. Die Anzahl der eckigen Klammern bestimmt hierbei die Anzahl der Dimensionen:

```
let mut drei_dim_array = [[[10, 15, 20], [10, 20, 30]], [[20, 30, 40], [20, 40, 60]]];
```

Konsolenausgabe:

```
[0, 5, 7]
[
    0,
    5,
    7,
]
1. Zahl + 3. Zahl: 10
Das zweite Array enthält 4 Werte.
Zahl d - Zahl b im zweiten Array: 10.3
```

3.3 Programmieraufgabe 3

Erstelle ein Programm, in dem zur Eingabe von drei Zahlen nacheinander aufgefordert wird. Die Zahlen sollen in ein Array gespeichert werden, welches Fließkommazahlen speichern kann.

Nach Eingabe der Zahlen soll das Programm die Summe und den Durchschnitt aller Zahlen untereinander ausgeben.

Nachdem die Ergebnisse ausgegeben wurden, soll das Programm zur Eingabe von drei Wörtern auffordern.

Anschließend soll das Programm alle Wörter mit einem Leerzeichen als Abstand nebeneinander, sowie die Gesamtzahl der Zeichen der drei Wörter ausgeben.

Tipp: Bei wiederholter Verwendung einer Variablen zur Nutzereingabe sollte die vorhergehende Eingabe durch die „clear()"-Funktion gelöscht werden, um Fehler zu vermeiden. Beispiel:

eingabe.clear()

Viel Spass und viel Erfolg!

3.4 Lösungsvorschlag Programmieraufgabe 3

Konsolenausgabe:

```
Dieses Programm verarbeitet Zahlen und Wörter.
Bitte gib die erste von drei Zahlen ein:
3.5
Bitte gib die zweite von drei Zahlen ein:
5.1
Bitte gib die dritte von drei Zahlen ein:
8.2
Summe aller eingegebenen Zahlen: 16.799999999999997
Durchschnitt aller eingegeben Zahlen: 5.599999999999999

Bitte gib das erste von drei Wörtern ein:
Ein
Bitte gib das zweite von drei Wörtern ein:
Beispiel
Bitte gib das dritte von drei Wörtern ein:
Satz
Eingegebene Wörter: Ein Beispiel Satz
Anzahl Zeichen der eingegebenen Wörter: 15
```

Code:

```rust
use std::io;

fn main() {
    println!("Dieses Programm verarbeitet Zahlen und Wörter.");

    // Teil 1 - Eingabe Zahlen
    let mut zahlen = [0.0, 0.0, 0.0];
    let mut eingabe = String::new();

    println!("Bitte gib die erste von drei Zahlen ein:");
    io::stdin().read_line(&mut eingabe).expect("Eingabe konnte nicht
            gelesen werden.");
    zahlen[0] = eingabe.trim().parse().unwrap();
    eingabe.clear();

    println!("Bitte gib die zweite von drei Zahlen ein:");
    io::stdin().read_line(&mut eingabe).expect("Eingabe konnte nicht
            gelesen werden.");
    zahlen[1] = eingabe.trim().parse().unwrap();
    eingabe.clear();

    println!("Bitte gib die dritte von drei Zahlen ein:");
    io::stdin().read_line(&mut eingabe).expect("Eingabe konnte nicht
            gelesen werden.");
    zahlen[2] = eingabe.trim().parse().unwrap();
    eingabe.clear();

    let summe = zahlen[0] + zahlen[1] + zahlen[2];
    println!("Summe aller eingegebenen Zahlen: {}", summe);
    println!("Durchschnitt aller eingegeben Zahlen: {}", summe / 3.0);


    // Teil 2 - Eingabe Wörter
    let mut woerter = [String::new(), String::new(), String::new()];

    println!("\nBitte gib das erste von drei Wörtern ein:");
    io::stdin().read_line(&mut woerter[0]).expect("Eingabe konnte
            nicht gelesen werden.");
    woerter[0] = woerter[0].trim().to_string();

    println!("Bitte gib das zweite von drei Wörtern ein:");
    io::stdin().read_line(&mut woerter[1]).expect("Eingabe konnte nicht
            gelesen werden.");
    woerter[1] = woerter[1].trim().to_string();

    println!("Bitte gib das dritte von drei Wörtern ein:");
    io::stdin().read_line(&mut woerter[2]).expect("Eingabe konnte nicht
            gelesen werden.");
    woerter[2] = woerter[2].trim().to_string();

    println!("Eingegebene Wörter: {} {} {}", woerter[0], woerter[1],
            woerter[2]);
    println!("Anzahl Zeichen der eingegebenen Wörter: {}", woerter[0].len() +
            woerter[1].len() + woerter[2].len());
```

```
}
```

4 Kontrollstrukturen

Ein Programm wird erst dann flexibel und interaktiv, wenn es die Möglichkeit bietet, für bestimmte Situationen bestimmte Folgen vorzusehen oder bestimmte Anweisungen auch mehrfach ausführen kann, solange oder bis eine bestimmte Bedingung eingetreten ist.

Hierfür benötigen wir Kontrollstrukturen. Kontrollstrukturen lassen sich unterteilen in Verzweigungen, die bestimmte Anweisungen für den Fall vorsehen, dass eine oder mehrere bestimmte Bedingungen erfüllt sind und Schleifen, mit denen wir bestimmte Anweisungen wiederholt ausführen lassen können.

4.1 If-Verzweigung

Die Grundform der Verzweigungen ist die If-Verzweigung. Die If-Verzweigung bewirkt, dass eine oder mehrere Anweisungen ausgeführt werden, wenn eine Bedingung erfüllt ist (oder mehrere Bedingungen erfüllt sind). Die Verzweigung leiten wir mit dem Schlüsselwort „if" ein und legen anschließend einen Prüfwert fest, der „true" sein muss. Die Anweisungen schreiben wir danach in geschweifte Klammern.

Die einfachste Form der If-Verzweigung kann mit einer Variablen des Datentyps „bool" erzeugt werden, dem wir den Wert „true" übergeben:

```
let bedingung = true;
if bedingung == true {
    println!("Bedingung erfüllt!");
}
```

In diesem Fall erfolgt die Ausgabe „Die Bediingung ist erfüllt!", weil die Variable „bedingung" den Wert „true" hat. Hätten wir die Variable mit dem Wert „false" initialisiert, würde keine Ausgabe erfolgen.

Häufiger verwenden wir bestimmte Vergleiche als Bedingung. In folgendem Beispiel soll eine Ausgabe nur dann erfolgen, wenn eine eingegebene Zahl genau „12" ist.

Um die Eingabe zu ermöglichen, schreiben wir über die „main"-Funktion:

```
use std::io;
```

Im Rahmen der „main"-Funktion schreiben wir:

```
let mut eingabe_zahl = String::new();
println!("Bitte geben Sie eine Zahl ein:");
io::stdin().read_line(&mut eingabe_zahl).expect("Eingabe konnte nicht gelesen werden.");
let eingabe_zahl: i32 = eingabe_zahl.trim().parse().unwrap();
```

Wir prüfen zuerst, ob die eingegebene Zahl genau 12 ist und bestimmen für diesen Fall eine Konsolenausgabe:

```
if eingabe_zahl == 12 {
```

```
    println!("Die eingegebene Zahl ist ein Dutzend.");
}
```

Wenn wir Werte miteinander vergleichen wollen, müssen wir in der Programmiersprache Rust zwei Gleichheitszeichen als Operator verwenden („==“). Das einfache Gleichheitszeichen („=“) steht leitet nämlich nicht einen Vergleich ein, sondern bewirkt die Wertzuweisung.

Die If-Verzweigung lässt sich auch mit einem else-Zweig verbinden. Hier sollen Anweisungen ausgeführt werden, wenn die vorher geprüfte Bedingung nicht erfüllt wurde:

```
if eingabe_zahl == 12 {
    println!("Die eingegebene Zahl ist ein Dutzend.");
} else {
    println!("Die eingegebene Zahl ist nicht ein Dutzend.");
}
```

Außerdem können wir im Rahmen einer If-Verzweigung auch mehrere Bedingungen nacheinander prüfen. Hierzu können wir das zusammengesetzte Schlüsselwort „else if“ verwenden. In der Verzweigung wird dann zunächst die Bedingung im if-Zweig geprüft. Sofern diese nicht erfüllt wurde, wird die Bedingung im else if-Zweig geprüft. Wir können auch mehrere else if-Zweige untereinanderschreiben:

```
if eingabe_zahl == 12 {
    println!("Die eingegebene Zahl ist ein Dutzend.");
} else if eingabe_zahl < 12 {
    println!("Die eingegebene Zahl ist kleiner als ein Dutzend.");
} else {
    println!("Die eingegebene Zahl ist größer als ein Dutzend.");
}
```

Für ein weiteres Beispiel zur inhaltlichen Prüfung eines Strings erzeugen wir folgenden Code:

```
let mut eingabe_text = String::new();
println!("Bitte geben Sie einen Text ein:");
io::stdin().read_line(&mut eingabe_text).expect("Eingabe konnte nicht gelesen werden.");
```

Für den Vergleich der Eingabe verwenden wir die „trim“-Funktion, weil die ENTER-Eingabe mit eingespeichert ist und wir keinen Zeilenumbruch in der Konsolenausgabe benötigen:

```
if eingabe_text.trim() == "Text" {
    println!("Sie haben \"Text\" eingegeben.");
} else {
    println!("Sie haben nicht \"Text\" eingegeben.");
}
```

Der Vergleich ist auch mit „eq“-Funktion („eq“ steht für „equals“) möglich:

```
if eingabe_text.trim().eq("Text") {
```

Konsolenausgabe:

```
Bedingung erfüllt!
Bitte geben Sie eine Zahl ein:
42
Die eingegebene Zahl ist größer als ein Dutzend.
Bitte geben Sie einen Text ein:
Hallo, wie gehts?
Sie haben nicht "Text" eingegeben.
```

4.2 Operatoren für Kontrollstrukturen

Für Kontrollstrukturen steht uns eine Vielzahl von Operatoren zur Verfügung, die sich vor allem in die Vergleichsoperatoren und die logischen Operatoren unterteilen.

Die wichtigsten Operatoren für Kontrollstrukturen sind folgende:

Vergleichsoperatoren	
== !=	Gleich und Ungleich
< >	Kleiner als, Größer als
<= >=	Kleiner gleich, Größer gleich
Logische Operatoren	
!	Logisches nicht
&&	Und (beide Bedingungen müssen erfüllt sein)
||	Oder (eine der Bedingungen muss erfüllt sein)

Das „Logische Und", bzw. „Logische Oder" verknüpft mehrere Bedingungen miteinander in der Form, dass beim logischen Und beide Bedingungen und beim logischen Oder nur eine der genannten Bedingungen vorliegen muss.

Für unser Beispiel benötigen wir eine Variable, in die wir eine Nutzereingabe speichern werden:

```
let mut eingabe = String::new();
println!("Bitte geben Sie eine Zahl zwischen 1 und 100 ein:");
io::stdin().read_line(&mut eingabe).expect("Eingabe konnte nicht gelesen wer-
den.");
let eingabe: i32 = eingabe.trim().parse().unwrap();
```

Unsere Kontrollstruktur soll prüfen, ob die eingegebene Zahl im Wertebereich zwischen 1 und 100 liegt. Wenn das der Fall ist, wird weiter geprüft, ob diese Zahl genau an der Grenze des Wertebereichs liegt. Dafür verwenden wir eine Verzweigung innerhalb der Verzweigung. Abhängig von der eingegebenen Zahl soll ein bestimmter Ausgabetext erzeugt werden:

```
let mut mitteilung = String::new();
if eingabe >= 1 && eingabe <= 100 {
    mitteilung += "Die Eingabe war korrekt.";
    if eingabe == 1 || eingabe == 100 {
        mitteilung += " Genau an der Grenze!";
```

```
    }
} else {
    mitteilung += "Die Eingabe war nicht korrekt...";
}
println!("{}", mitteilung);
```

Den Ungleich-Operator (!=) können wir verwenden, wenn unsere Prüfung darauf abzielt, dass ein bestimmter Vergleich nicht zutrifft. Beispielsweise, wenn wir eine Ausgabeanweisung erzeugen wollen für den Fall, dass die eingegebene Zahl nicht 42 ist:

```
if eingabe != 42 {
    println!("Die eingegebene Zahl ist nicht 42.");
}
```

Den logischen Nicht-Operator können wir als ein Umkehroperator für Fälle nutzen, in denen wir ein Prüfergebnis umkehren wollen, beispielsweise für den Fall, dass wir eine Ausgabe nur dann vorsehen, wenn ein Prüfwert nicht wahr ist:

```
let bedingung = false;
if !bedingung {
    println!("Bedingung: false");
} else {
    println!("Bedingung: true");
}
```

Eine If-Anweisung kann auch im Rahmen einer Wertzuweisung zu einer Variablen verwendet werden. Dabei wird einer Variablen ein Wert zugewiesen, wenn eine bestimmte Bedingung erfüllt ist, anderenfalls ein anderer Wert. Die Variable „groessere_zahl" wird hier mit dem größeren der beiden Werte initialisiert:

```
let x = 20;
let y = 15;
let groessere_zahl = if x > y {x} else {y};
println!("Die größere Zahl ist: {}", groessere_zahl);
```

Konsolenausgabe:

```
Bitte geben Sie eine Zahl zwischen 1 und 100 ein:
1
Die Eingabe war korrekt. Genau an der Grenze!
Die eingegebene Zahl ist nicht 42.
Bedingung: false
Die größere Zahl ist: 20
```

4.3 Verzweigung mit match

Als Alternative zur If-Verzweigung steht uns in Rust eine weitere Möglichkeit der Kontrollstruktur zur Verfügung. Mit dem Schlüsselwort „match" können wir nämlich einen Ausdruck auf bestimmte Werte prüfen und mehrere Fälle vorsehen, für die bestimmte Anweisungen ausgeführt werden sollen. Das Konstrukt erinnert an die „Switch-Case-Verzweigung" aus anderen Programmiersprachen, beispielsweise Java.

Die Verzweigung beginnt mit dem Schlüsselwort „match". Anschließend folgt der Ausdruck, der geprüft werden soll. In die geschweiften Klammern können die vorgesehenen Fälle untereinander mit dem entsprechenden Wert, der für den Ausdruck vorliegen soll, definiert werden. Ein Pfeil (Gleichheitszeichen und Größer als) bestimmt, welche Anweisungen für den jeweiligen Fall ausgeführt werden sollen:

```
let zahl = 43;
match zahl {
    1 => println!("Eins"),
    2 | 3 => println!("Zwei oder Drei"),
    4..=41 => println!("Größer als drei und kleiner als 42"),
    42 => println!("Die Antwort auf alles"),
```

Bei der Nutzung des „match"-Operators ist es wichtig, alle möglichen Fälle abzudecken, weil ansonsten eine Fehlermeldung erscheint. Unsere Variable „zahl" könnte größer als 42 oder eine negative Zahl sein. Alle nicht explizit genannten Fälle können wir mit einem Unterstrich abdecken und damit einen Default-Fall schaffen, den wir mit dem Unterstrich bestimmen:

```
    _ => println!("Irgendeine Zahl"),
}
```

Praktisch sinnvoll kann der „match"-Operator auch in Fällen sein, in denen wir im Code für eine bestimmte Variable mehrere Auswahlmöglichkeiten vorsehen:

```
let mut eingabe = String::new();
println!("Gib eine Zahl ein:");
io::stdin().read_line(&mut eingabe).expect("Eingabe konnte nicht gelesen werden.");
let eingabe: i32 = eingabe.trim().parse().unwrap();

match eingabe {
    1 => println!("Programm 1 gestartet"),
    2 => println!("Programm 2 gestartet"),
    3 => println!("Programm 3 gestartet"),
    _ => println!("Bitte Eingabe überprüfen"),
}
```

Der „match"-Operator kann auch als Ausdruck verwendet werden, beispielsweise um einer Variablen einen Wert zuzuweisen:

```
let aussage = true;
let muenze = match aussage {
    true => "Kopf".to_string(),
    false => "Zahl".to_string(),
};
println!("{}", muenze);
```

Konsolenausgabe:

```
Irgendeine Zahl
Gib eine Zahl ein:
```

```
2
Programm 2 gestartet
Kopf
```

4.4 While -Schleife und Break-Anweisung

Mit Verzweigungen können wir bestimmte Anweisungen im Programmcode nur unter bestimmten Bedingungen ausführen lassen. Schleifen dienen dazu, diese Anweisungen unter bestimmten Bedingungen wiederholt ausführen zu lassen.

In der Programmiersprache Rust gibt es mehrere Schleifentypen. Die Grundform der Schleifen stellt die While-Schleife dar, die bestimmte Anweisungen wiederholt, solange die im Kopf der Schleife definierte Bedingung erfüllt ist.

Eine While-Schleife kann beispielsweise Zahlen in 10er-Schritten bis einschließlich 100 in der Konsole ausgeben lassen:

```
let mut x = 10;
while x <= 100 {
    println!("{}", x);
    x += 10;
}
```

Dabei müssen wir besonders darauf achten, dass die Schleife nicht zur Endlosschleife wird (was bei While-Schleifen gerne vergessen wird)!

Wichtig in diesem Zusammenhang ist auch, an welcher Stelle die Zählvariable erhöht wird, bzw. die Bedingung im Schleifenkopf so zu formulieren, dass die richtige Anzahl der Schleifendurchläufe garantiert wird. Folgende Schleife wird 5 Mal durchlaufen:

```
x = 1;
while x < 6 {
    println!("Schleife durchläuft zum {}. Mal.", x);
    x += 1;
}
```

6 Durchläufe würden wir erhalten, wenn der Zählvariablen „x" vor dem Eintritt in die Schleife der Wert 0 zugewiesen und die Werterhöhung vor der Ausgabeanweisung stattfinden würde:

```
x = 0;
while x < 6 {
    x += 1;
    println!("Schleife durchläuft zum {}. Mal.", x);
}
```

Eine While-Schleife eignet sich sehr gut dazu, eine Benutzerinteraktion in ein Programm einzubauen. Im folgenden Beispiel soll im Rahmen einer Schleife eine Möglichkeit geschaffen werden, einen bestimmten Artikel zu kaufen, solange das Budget hierfür ausreicht:

```
let mut budget = 10;
let mut menge = 0;

let mut eingabe = String::new();
println!("Willkommen im Süsswarenladen. Bonbons kosten 2 Euro");

while budget >= 2 {
```

Damit die Variable mehrere Nutzereingaben verarbeiten kann, muss die Eingabe der ENTER-Taste gelöscht werden. Deshalb löschen wir den Inhalt der Variablen mit der „clear"-Funktion:

```
    eingabe.clear();
    println!("Dein Budget: {}", budget);
    println!("Möchtest du Bonbons kaufen? (y für \"Ja\" eingeben)");
    io::stdin().read_line(&mut eingabe).expect("Eingabe konnte nicht gelesen
werden.");
    eingabe = eingabe.trim().to_string();
    if eingabe == "y" || eingabe == "Y" {
        menge += 1;
        budget -= 2;
    } else {
```

Um die Schleife in diesem Fall zu beenden, wird das Schlüsselwort „break" verwendet:

```
        break;
    }
}
println!("Du hast {} Bonbons gekauft.", menge);
```

Konsolenausgabe:

```
10
20
30
40
50
60
70
80
90
100
Schleife durchläuft zum 1. Mal.
Schleife durchläuft zum 2. Mal.
Schleife durchläuft zum 3. Mal.
Schleife durchläuft zum 4. Mal.
Schleife durchläuft zum 5. Mal.
Schleife durchläuft zum 1. Mal.
Schleife durchläuft zum 2. Mal.
Schleife durchläuft zum 3. Mal.
Schleife durchläuft zum 4. Mal.
Schleife durchläuft zum 5. Mal.
Schleife durchläuft zum 6. Mal.
Willkommen im Süsswarenladen. Bonbons kosten 2 Euro
Dein Budget: 10
Möchtest du Bonbons kaufen? (y für "Ja" eingeben)
y
Dein Budget: 8
```

```
Möchtest du Bonbons kaufen? (y für "Ja" eingeben)
y
Dein Budget: 6
Möchtest du Bonbons kaufen? (y für "Ja" eingeben)
n
Du hast 2 Bonbons gekauft.
```

4.5 For-Schleife

Neben der While-Schleife steht uns mit der For-Schleife ein grundsätzlich anderer Schleifentyp zur Verfügung.

Dieser eignet sich vor allem für die Anwendung in Programmcodes, in denen wir schon wissen oder vorher festgelegt haben, wie oft die Schleife durchlaufen wird, bzw. an welcher Stelle diese genau endet.

Die For-Schleife wird so definiert, dass die Zählvariable selbst und die Anzahl der Schleifendurchläufe aus dem Kopf der Schleife ersichtlich wird. Bei der For-Schleife definieren wir deshalb schon im Kopf der Schleife eine Zählvariable, die bestimmt, wie viele Male die Schleife durchlaufen werden soll, bis diese beendet wird. Im Kopf der Schleife wird anschließend bestimmt, welchen Wert die Zählvariable haben muss, damit die Schleife beendet wird.

Eine Zählvariablenausgabe von 1 bis 10 per For-Schleife wird damit wie folgt programmiert:

```
for zahl in 1..=10 {
    println!("Zahl: {}", zahl);
}
```

Das Gleichheitszeichen sorgt hier dafür, dass die Zahl 10 ebenfalls ausgegeben wird. Würde der Schleifenkopf ohne Gleichheitszeichen programmiert werden, würden nur die Zahlen bis einschließlich 9 ausgegeben werden.

Die For-Schleife hat den Vorteil, dass wir die Erhöhung der Zählvariablen schon im Kopf der Schleife festlegen müssen und damit eine Endlosschleife „automatisch" vermeiden. Die Zählvariable (hier „zahl") wird nur für die For-Schleife erzeugt und kann nur innerhalb der Schleife genutzt werden.

For-Schleifen sind sehr gut dafür geeignet, Werte von Arrays oder Kollektionen zu durchlaufen, beispielsweise um diese ausgeben zu lassen oder Berechnungen mit den enthaltenen Werten anzustellen:

```
let zahlen = [2, 4, 6, 8, 10];
for i in zahlen {
    println!("Array-Wert X 5: {}", i * 3);
}
```

Der gleiche Vorgang wäre mit einer While-Schleife deutlich umständlicher:

```
let mut i = 0;
while i < zahlen.len() {
    println!("Array-Wert X 5: {}", zahlen[i] * 3);
    i += 1;
```

```
}
```

Im Rahmen der While-Schleife ist die Variable „i" in diesem Fall nur der Index, mit dem der jeweilige Array-Wert angesprochen werden kann, bei der For-Schleife hingegen ist „i" der Array-Wert selbst.

Konsolenausgabe:

```
Zahl: 1
Zahl: 2
Zahl: 3
Zahl: 4
Zahl: 5
Zahl: 6
Zahl: 7
Zahl: 8
Zahl: 9
Zahl: 10
Array-Wert X 5: 6
Array-Wert X 5: 12
Array-Wert X 5: 18
Array-Wert X 5: 24
Array-Wert X 5: 30
Array-Wert X 5: 6
Array-Wert X 5: 12
Array-Wert X 5: 18
Array-Wert X 5: 24
Array-Wert X 5: 30
```

4.6 Loop-Schleife und Continue-Anweisung

Die Programmiersprache Rust bietet einen Schleifentyp an, der von als Endlosschleife konzipiert ist, nämlich die „Loop"-Schleife. Aus anderen Programmiersprachen kennt man Endlosschleifen als „While-True"-Schleifen, einer While-Schleife, deren Bedingung „true" ist und die deshalb von sich aus unendlich lange läuft.

Die „Loop"-Schleife wird mit dem Schlüsselwort „loop" eingeleitet. In die geschweiften Klammern werden die Anweisungen programmiert:

```
loop {
    println!("Das Programm läuft...");
}
```

Problematisch – aber bei einer Loop-Schleife natürlich so gewollt – ist, dass diese Schleife nun endlos weiterläuft. Wenn das Programm gestartet wurde, kann dieses durch die Tastenkombination STRG + C im Terminal beendet werden.

Eine Endlosschleife wird in bestimmten Fällen genutzt. Ein großer Anwendungsbereich für Endlosschleifen ist beispielsweise die Spieleentwicklung, bei der grundsätzlich eine sog. „Game Loop" verwendet wird, um das Spiel an sich am Laufen zu halten. Die „Game Loop" wird dann verlassen, wenn das Spiel beendet wird, das Spiel verloren ist oder beispielsweise der Spieler stirbt.

In der Loop-Schleife benötigen wir zwingend eine break-Anweisung, damit die Schleife irgendwann einmal verlassen wird. Folgendes Programm fordert zur Eingabe von Zahlen auf, die miteinander addiert werden und wird erst dann beendet werden, wenn ein „n" eingegeben wird:

```rust
let mut eingabe = String::new();
let mut summe = 0;

println!("Dieses Programm addiert alle eingegebenen Zahlen.");
println!("Für Programmabbruch bitte \"n\" eingeben.");

loop {
    println!("Gib eine Zahl ein:");
    io::stdin().read_line(&mut eingabe).expect("Eingabe konnte nicht gelesen
        werden.");
    if eingabe.trim() == "n" {
        break;
    } else {
        let eingabe: i32 = eingabe.trim().parse().unwrap();
        summe += eingabe;
        println!("Summe: {}", summe);
    }
    eingabe.clear();
}
```

Mit dem Schlüsselwort „continue" kann die Schleife dagegen fortgesetzt werden, ohne dass die weiteren Anweisungen in der Schleife ausgeführt werden. Folgende Schleife erzeugt die Ausgabe der Zahlen von 1 bis 5 ohne die Zahl 3:

```rust
let mut zahl = 0;
loop {
    zahl += 1;
    if zahl == 3{
        continue;
    }
    println!("Zahl: {}", zahl);
    if zahl == 5 {
        break;
    }
}
```

Das gleiche Ergebnis wird hier auch mit einer While-Schleife mit Bedingung „zahl < 5" ohne break-Anweisung erreicht. Ob man sich für eine Loop- oder While-Schleife entscheidet, ist manchmal auch „Geschmackssache".

Die continue-Anweisung ist für alle Schleifentypen, beispielsweise auch für die For-Schleife, einsetzbar.

Konsolenausgabe (ohne erste Endlosschleife):

```
Dieses Programm addiert alle eingegebenen Zahlen.
```

```
Für Programmabbruch bitte "n" eingeben.
Gib eine Zahl ein:
12
Summe: 12
Gib eine Zahl ein:
3
Summe: 15
Gib eine Zahl ein:
42
Summe: 57
Gib eine Zahl ein:
n
Zahl: 1
Zahl: 2
Zahl: 4
Zahl: 5
```

4.7 Programmieraufgabe 4

Programmiere ein Quiz!

Gebe nacheinander 3 einfache Mathematikaufgaben und anschließend 2 allgemeine Fragen (z. B. Wie heisst die Landeshauptstadt von Bayern? oder Aus wie vielen Bundesländern besteht Deutschland? aus.

Jedes Mal, wenn die richtige Antwort eingegeben wurde, soll die Punktzahl um 1 erhöht werden. Das Quiz ist mit 4 (von 5) Punkten gewonnen.

Nachdem alle Fragen gestellt wurden, soll eine Punktauswertung erfolgen.

Bei 5 Punkten soll mitgeteilt werden, dass die volle Punktzahl erreicht wurde, bei 4 Punkten soll eine andere Erfolgsmeldung kommen. Ansonsten soll die Punkteanzahl mitgeteilt werden mit der Bitte, es noch einmal zu versuchen.

Wenn nicht die volle Punktzahl (5 Punkte) erreicht wurde, soll das Programm fragen, ob ein neuer Versuch gewünscht ist. Wenn „y" oder „Y" eingegeben wurde, soll das Quiz insgesamt erneut gestartet werden, anderenfalls nicht.

Hinweis: Der gesamte Programmablauf sollte in eine Schleife eingebunden werden.

Viel Spass und viel Erfolg!

4.8 Lösungsvorschlag Programmieraufgabe 4

Konsolenausgabe:

```
### Willkommen im Quiz ###
Jede richtige Antwort gibt einen Punkt. Mit 4 Punkten gewinnen Sie das Quiz.
3 + 12 ergibt:
15
15 X 4 ergibt:
60
33 / 3 ergibt:
11
Wie heißt die Landeshauptstadt von Bayern?
Muenchen
Aus wievielen Bundesländern besteht Deutschland?
16

Anzahl Punkte: 5
Herzlichen Glückwunsch. Sie haben die volle Punktzahl erreicht.
```

4 Kontrollstrukturen

Code:

```rust
use std::io;

fn main() {
    let mut punkte = 0;
    let mut eingabe = String::new();

    loop {
        println!("### Willkommen im Quiz ###");
        println!("Jede richtige Antwort gibt einen Punkt. Mit 4 Punkten gewinnen
            Sie das Quiz.");

        // 1. Frage
        println!("3 + 12 ergibt:");
        io::stdin().read_line(&mut eingabe).expect("Eingabe konnte nicht
            gelesen werden.");
        eingabe = eingabe.trim().to_string();
        if eingabe == "15" {
            punkte += 1;
        }
        eingabe.clear();

        // 2. Frage
        println!("15 X 4 ergibt:");
        io::stdin().read_line(&mut eingabe).expect("Eingabe konnte nicht
            gelesen werden.");
        eingabe = eingabe.trim().to_string();
        if eingabe == "60" {
            punkte += 1;
        }
        eingabe.clear();

        // 3. Frage
        println!("33 / 3 ergibt:");
        io::stdin().read_line(&mut eingabe).expect("Eingabe konnte nicht
            gelesen werden.");
        eingabe = eingabe.trim().to_string();
        if eingabe == "11" {
            punkte += 1;
        }
        eingabe.clear();

        // 4. Frage
        println!("Wie heißt die Landeshauptstadt von Bayern?");
        io::stdin().read_line(&mut eingabe).expect("Eingabe konnte nicht
            gelesen werden.");
        eingabe = eingabe.trim().to_string();
        if eingabe == "München" || eingabe == "Muenchen" {
            punkte += 1;
        }
        eingabe.clear();

        // 5. Frage
        println!("Aus wievielen Bundesländern besteht Deutschland?");
```

```rust
        io::stdin().read_line(&mut eingabe).expect("Eingabe konnte nicht
            gelesen werden.");
        eingabe = eingabe.trim().to_string();
        if eingabe == "16" {
            punkte += 1;
        }
        eingabe.clear();



        // Punkteauswertung
        println!("\nAnzahl Punkte: {}", punkte);
        if punkte == 5 {
            println!("Herzlichen Glückwunsch. Sie haben die volle Punktzahl
                erreicht.");
            break;
        } else if punkte == 4 {
            println!("Gratuliere. Sie haben 4 Punkte erreicht!");
            println!("Erneut versuchen? (\"y\" für Ja eingeben)");
            io::stdin().read_line(&mut eingabe).expect("Eingabe konnte nicht
                gelesen werden.");
            eingabe = eingabe.trim().to_string();

            // Schleife wird verlassen
            if !(eingabe == "y" || eingabe == "Y") {
                println!("Bis zum nächsten Mal.");
                break;
            }
            // Schleife wird erneut betreten
            eingabe.clear();
            punkte = 0;

        } else {
            println!("Sie haben {} Punkt(e) erreicht. Versuchen Sie es noch
                einmal.", punkte);
            println!("Erneut versuchen? (\"y\" für Ja eingeben)");
            io::stdin().read_line(&mut eingabe).expect("Eingabe konnte nicht
                gelesen werden.");
            eingabe = eingabe.trim().to_string();

            // Schleife wird verlassen
            if !(eingabe == "y" || eingabe == "Y") {
                println!("Bis zum nächsten Mal.");
                break;
            }
            // Schleife wird erneut betreten
            eingabe.clear();
            punkte = 0;
        }
    }
}
```

5 Funktionen

In umfangreicheren Programmen werden viele Funktionen genutzt. Das hat mehrere Gründe. Ein Computerprogramm kann aus mehreren tausend Zeilen Code bestehen. Würde der gesamte Code in der main()-Funktion programmiert werden, wäre der Quellcode nicht nur unübersichtlich, sondern weniger flexibel, als wenn wir für bestimmte Prozesse Funktionen bereitstellen würden, die einige Aufgaben separat übernehmen würden.

Funktionen haben außerdem den Vorteil, dass bestimmte Prozesse, die mehrfach in einem Programm ausgeführt werden sollen, an nur einer Stelle programmiert werden müssen. Anpassungen oder Korrekturen im Programm müssen damit nur an dieser Stelle vorgenommen werden. Das erspart viel Zeit und vermeidet eine Menge Fehler.

5.1 Eigene Funktionen programmieren

Für die Erstellung eigener Funktionen wird die gleiche Syntax wie bei der main-Funktion verwendet. Die Funktion wird mit dem Schlüsselwort „fn" eingeleitet, anschließend mit dem Namen der Funktion, gefolgt von runden und geschweiften Klammern. In die geschweiften Klammern werden die Befehle geschrieben, die von der Funktion ausgeführt werden sollen. Folgende Funktion wird eine Begrüßungsnachricht ausgeben lassen:

```
fn willkommen() {
    println!("Herzlich Willkommen! In diesem Kurs lernen wir Rust.");
}
```

Dir Funktion wird in main-Funktion durch Angabe des Namens aufgerufen:

```
fn main() {
    println!("*** RUST-Programmierkurs ***");
    willkommen();
    println!("Viel Erfolg!");
}
```

Konsolenausgabe:

```
*** RUST-Programmierkurs ***
Herzlich Willkommen! In diesem Kurs lernen wir Rust.
Viel Erfolg!
```

5.2 Funktionen mit Parametern

Funktionen können auch Werte übergeben werden, die von der Funktion selbst genutzt und weiterverarbeitet werden. Diese Werte werden Parameter genannt.

Die Parameter einer Funktion werden in den Klammern nach dem Namen der Funktion eingegeben. Wollen wir Parameter für eine Funktion nutzen, müssen wir hier den Namen und anschließend den Datentyp angeben.

Wir programmieren eine Funktion, die eine übergebene Zahl mit sich selbst multipliziert und anschließend das Ergebnis ausgibt:

```
fn zahl_quadrieren(zahl: i32) {
    let ergebnis = zahl * zahl;
    println!("Zahl quadriert: {}", ergebnis);
}
```

In der Funktion können wir ebenso wie in der main-Funktion Variablen erschaffen und in der Funktion weiterverwenden, brauchen diese aber für unser Beispiel nicht unbedingt. Abkürzen können wir den Code wie folgt:

```
fn zahl_quadrieren(zahl: i32) {
    println!("Zahl quadriert: {}", zahl * zahl);
}
```

Die Funktion müssen wir mit übergebenem Parameter aufrufen:

```
fn main() {
    zahl_quadrieren(5);
}
```

Beim Aufruf der Funktion müssen wir uns zwingend an den Datentyp des Parameters halten. Beispielsweise können wir der Funktion keine Kommazahl übergeben:

```
fn main() {
    zahl_quadrieren(4.5);      // führt zu Fehlermeldung
}
```
Umgekehrt würde die Funktion keine Ganzzahl annehmen, wenn der Parameter als Kommazahl definiert wäre.

Wir können der Funktion auch eine Variable übergeben. Dabei muss der Datentyp der Variablen mit dem Datentyp, der für den Parameter festgelegt wurde, übereinstimmen:

```
fn main() {
    let a = 5;
    zahl_quadrieren(a);
}
```

Folgende Funktionsaufrufe erzeugen hingegen Fehlermeldungen:

```
fn main() {
    let a: i8 = 5;
    zahl_quadrieren(a);                 // führt zu Fehlermeldung
    let a: i128 = 5;
    zahl_quadrieren(a);                 // führt zu Fehlermeldung
}
```

In diesem Fall liefert uns die Fehlermeldung in der Konsole eine nützliche Hilfe an, nämlich die Konvertierung in den passenden Datentypen über folgenden Code:

```
zahl_quadrieren(a.try_into().unwrap());
```

Wir können einer Funktion auch mehrere Parameter übergeben. Diese müssen wir in den Klammern durch ein Komma trennen, wobei wir zu jedem Parameter einzeln den jeweiligen Datentyp bestimmen müssen. Innerhalb der Funktion können wir diesen aber beliebig umwandeln:

```
fn zahl_teilen(a: i32, b: i16) {
    println!("{} / {} = {}", a, b, a as f64 / b as f64);
}
```

Der Funktionsaufruf gelingt mit folgendem Code:

```
fn main() {
    ...
    zahl_teilen(13, 4);
}
```

Auch Arrays können als Parameter definiert werden. Dabei müssen der Datentyp und die Größe des Arrays in der Funktion festgelegt werden:

```
fn array_summe(zahlen: [i32; 3]) {
    println!("Summe: {}", zahlen[0] + zahlen[1] + zahlen[2]);
}
```

Der Funktionsaufruf gelingt mit folgendem Code:

```
    let zahlen = [2, 5, 7];
    array_summe(zahlen);
}
```

Konsolenausgabe:

```
Zahl quadriert: 25
13 / 4 = 3.25
Summe: 14
```

5.3 Funktionen mit Rückgabewerten

Funktionen können genutzt werden, um Rückgabewerte zu erhalten, die im Programm weiterverwendet werden. Klassischerweise sind das Berechnungsergebnisse aus verschiedenen Zahlen, die als Parameter übergeben werden oder Zeichenketten, die in einer bestimmten Weise umgewandelt werden, wie beispielsweise durch die die „to_uppercase()"-Funktion.

Vorab sollten wir den Unterschied zwischen einem Statement und einer Expression kennen. Ein Statement ist eine Anweisung. Bei der Wertzuweisung einer Variablen ist folgender Code ein Statement:

```
let zahl = 15;
```

Eine Expression ist ein Ausdruck. Expressions geben etwas zurück. Die Wertzuweisung einer Variablen
mit einer Expression liefert beispielsweise folgender Code:

```
let a = {
    let b = zahl;
    let c = 3;
    b * c                   // hier kein Semikolon am Ende!
};
println!("{}", a);
```

Damit die Funktion einen Wert zurückgibt, wird nach den runden Klammern für die Parameter der
Funktion ein Pfeil (Minus- und Größer als-Zeichen-Kombination) eingegeben, anschließend den Datentyp des Rückgabewertes. Der Rückgabewert der Funktion wird am Ende der Implementierung geschrieben. Diese Codezeile wird wie die Expression ohne Semikolon abgeschlossen. Ein Beispiel für die Implementierung einer Funktion, die das Ergebnis einer Multiplikation zurückgibt:

```
fn produkt(a: i32, b: i32) -> i32 {
    a * b                   // hier kein Semikolon am Ende!
```

<u>Alternativ</u> kann die Rückgabeanweisung wie bei anderen Programmiersprachen auch mit dem Schlüs-
selwort „return" eingeleitet werden. Darunter stehender Code wird dann nicht mehr ausgeführt:

```
    return a * b;
}
```

Nach der return-Anweisung wird der Konvention nach ein Semikolon gesetzt, wobei es keinen Fehler
verursacht, wenn hierauf verzichtet wird.

Die Funktion kann wie folgt aufgerufen werden:

```
fn main() {
    let x = 12;
    let y = 5;
    let z = produkt(x, y);
    println!("Produkt von {} und {}: {}", x, y, z);
```

Alternativ können wir hier auf die Variable „z" auch ganz verzichten:

```
    println!("Produkt von {} und {}: {}", x, y, produkt(x, y));
}
```

Ein weiteres Beispiel ist die Funktion zur Berechnung der Fakultät einer Zahl. Die Fakultät ist das Ergebnis aus der wiederholten Multiplikation der Zahl mit ihrem eigenen Wert abzüglich 1, solange bis diese
den Wert 1 erreicht hat. Beispiel: 3! = 3 X 2 X 1.

Der Parameter dieser Funktion muss als „mutable" deklariert sein, wenn wir diesen innerhalb der Funktion im Wert verändern wollen:

```
fn fakultaet(mut a: i32) -> i128 {
    let mut ergebnis: i128 = 1;
    while a >= 1 {
        ergebnis *= a as i128;
```

```
        a -= 1;
    }
    return ergebnis;
}
```

Die Funktion kann wie folgt aufgerufen werden:

```
fn main() {
    ...
    let a = 5;
    println!("Fakultät von {}: {}", a, fakultaet(a));
}
```

Konsolenausgabe:

```
45
Produkt von 12 und 5: 60
Fakultät von 5: 120
```

5.4 Programmieraufgabe 5

Programmiere eine Funktion:

Die Funktion soll eine als Parameter übergebene Zahl nutzen. Im Rahmen der Funktion soll eine Zufallszahl zwischen 1 und 5 erzeugt werden. Wenn die übergebene Zahl mit der Zufallszahl übereinstimmt,
soll die Funktion den Boolean-Wert „true" zurückgeben, anderenfalls „false".

Bevor eine Zufallszahl generiert werden kann, sind folgende Vorbereitungen nötig:

a)

In der Datei „Cargo.toml" muss eine Bibliotheks-Kiste (library crate) eingebunden werden, nämlich
„rand". Die Datei Cargo.toml kann in Visual Studio Code geöffnet und modifiziert werden. Unter dem
Abschnitt „dependencies" sollte folgende Zeile hinzugefügt werden:

```
Cargo.toml
[package]
name = "rust_tutorial"
...
[dependencies]
rand = "0.8.3"
```

b)

Danach muss die Datei Cargo.lock aktualisiert werden. Dies ermöglicht der Befehl „cargo update", der
im Terminal in Visual Studio Code wie folgt ausgeführt werden kann:

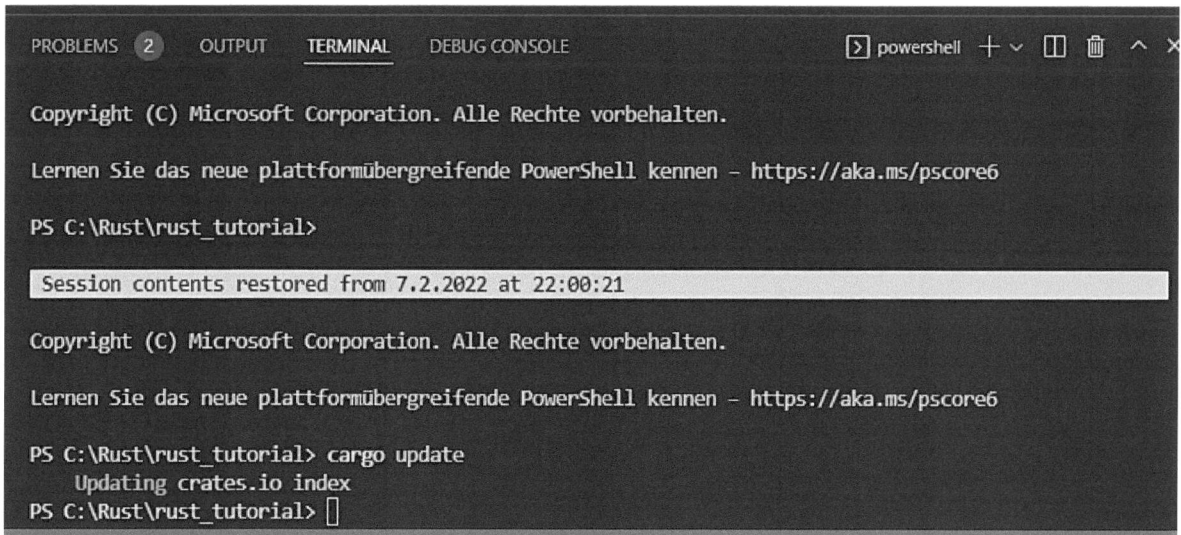

c)

Für die Nutzung der Zufallszahl-Funktionen ist folgende Import-Anweisung erforderlich:

```
use rand::Rng;
```

Eine Zufallszahl zwischen 1 und 10 erzeugt folgende Zeile Code und weist sie der Variablen „zufalls_zahl" zu:

```
let zufalls_zahl = rand::thread_rng().gen_range(1..=10);
```

Viel Spass und viel Erfolg !

5.5 Lösungsvorschlag Programmieraufgabe 5

Konsolenausgabe:

```
Zahlen raten. Bitte gib eine Zahl zwischen 1 und 5 ein:
3
Zufallszahl: 3
Richtig geraten!
```

5.5 Lösungsvorschlag Programmieraufgabe 5

Code:

```
use std::io;
use rand::Rng;

fn main() {
    println!("Zahlen raten. Bitte gib eine Zahl zwischen 1 und 5 ein:");
    let mut eingabe = String::new();
    io::stdin().read_line(&mut eingabe).expect("Eingabe konnte nicht gelesen
werden.");
    let eingabe: u8 = eingabe.trim().parse().unwrap();

    if zahlen_raten(eingabe) {
        println!("Richtig geraten!");
    } else {
        println!("Falsch!");
    }
}

fn zahlen_raten(a: u8) -> bool {
    let zufalls_zahl = rand::thread_rng().gen_range(1..=5);

    // Kontrollausgabe...
    println!("Zufallszahl: {}", zufalls_zahl);

    if a == zufalls_zahl {
        return true;
    } else {
        return false;
    }
}
```

6 Ownership-Konzept

Eine Besonderheit von Rust ist das Ownership Konzept. Dieses Konzept hat vor allem in der nebenläufigen Programmierung eine große Bedeutung. Bei der nebenläufigen Programmierung stellt sich häufig ein Problem, wenn es verschiedene Rechenkerne gibt, die auf die gleiche Speicheradresse zugreifen und diesen Wert dabei so verändern, dass bei parallelen Prozessen ein falsches Ergebnis entsteht.

Nehmen wir folgendes Beispiel, in dem drei Variablen während der Programmlaufzeit bestimmte Werte übergeben bekommen und sich diese untereinander jeweils zuweisen. Im günstigen Fall werden die beiden Prozesse nacheinander so ausgeführt, dass das gewünschte Ergebnis erscheint. Der folgende Code soll einen günstigen Verlauf simulieren:

```
// günstiger Verlauf
// Prozess 1
let mut a = 5;
let mut b = a;
a += 1;
let mut c = a;

// Prozess 2
c += 1;
b = c;
a = b;
println!("{}", a);
```
Die Variable „a" hat in diesem Fall den Wert 7.

Im nächsten Beispiel verlaufen die Prozesse nicht wie gewollt:

```
// ungünsiger Verlauf
// Prozess 1
let mut a = 5;
let mut b = a;
a += 1;
a = b;

// Prozess 2
let mut c = a;
b = c;
c += 1;
println!("{}", a);
```
In diesem Fall erhält „a" am Ende des Programmes den Wert 5.

Das hier auftretende Problem wird auch unter dem Begriff „race conditions" behandelt. Viele andere Programmiersprachen bieten bestimmte Synchronisationsmethoden an, um „race conditions" zu verhindern. Damit lassen sich fehlerhafte Ergebnisse zwar vermeiden, aber es muss darauf geachtet werden, die Synchronisation richtig zu programmieren und selbst wenn die Programmierung fehlerfrei geschieht, hat die Synchronisation oft zur Folge, dass das Programm langsamer wird, also die Performance darunter leidet.

Wie das Ownership-Konzept funktioniert, werden wir uns in folgendem Abschnitt näher ansehen.

Konsolenausgabe:

```
7
5
```

6.1 Stack und Heap

Stack und Heap sind zwei verschiedene Arten von Speicher. „Stack" bedeutet Stapel und „Heap" bedeutet Halde. Nicht nur bildlich kann man sich beide Speicherarten so vorstellen, sondern sie funktionieren auch entsprechend.

Der Stack stapelt alle Elemente aufeinander, sodass das erste dem Stack hinzugefügte Element im Stapel ganz unten liegt. Alle danach hinzugefügten Elemente liegen aufeinander im Stack. Wie bei einem Papierstapel werden die obersten Elemente des Stacks zur Erledigung wieder entnommen. Das zuerst hinzugefügte Element ist also das Element, welches als letztes bearbeitet wird. Dieses Prinzip wird als „Last-In-First-Out" bezeichnet. Rust sorgt dafür, dass die Elemente, die eine feste Größe haben, auf dem Stack gespeichert werden.

Im Gegensatz zum Stack ist der Heap hingegen nicht organisiert. Soweit Speicherbedarf besteht, wird im Heap nach freiem Speicherplatz gesucht und dieser den jeweiligen Elementen zugewiesen. Das ist deutlich aufwändiger, als Elemente auf dem Stack abzulegen, da das Betriebssystem zunächst einen ausreichend großen Speicherplatz suchen muss. Der Zugriff auf den Heap-Speicher ist ebenfalls langsamer als der Zugriff auf den Stack-Speicher. Auf dem Heap werden die Elemente abgelegt, die keine feste Größe haben. Das betrifft beispielsweise Strings, weil der benötigte Speicherplatz von der Anzahl der enthaltenen Zeichen abhängt. Bei einem der Ganzzahl-Datentypen hingegen steht ein von vornherein festgelegter Wertebereich zur Verfügung.

6.2 Scopes (Geltungsbereiche)

Für Funktionen und Kontrollstrukturen haben wir schon häufig geschweifte Klammern verwendet, um Code-Blöcke zu kennzeichnen. Im Rahmen dieser Blöcke wurden Anweisungen programmiert, die für einen bestimmten Bereich gelten sollen, aber auch nur für diesen Bereich. Beispielsweise werden bestimmte Anweisungen im Rahmen einer Kontrollstruktur nur dann ausgeführt, wenn diese Kontrollstruktur betreten wird oder Anweisungen, die im Rahmen einer Funktion ausgeführt werden sollen, werden nur dann ausgeführt, wenn diese Funktion aufgerufen wird. Diese Bereiche stellen Geltungsbereiche dar, die auch Scopes genannt werden.

Folgendes Beispiel zeigt, dass die Variable „a" auch außerhalb der Verzweigung genutzt werden kann, die Variable „b" aber nicht:

```rust
fn main() {
    let a = 10;
    let bedingung = true;
    if bedingung {
        println!("a innerhalb der Verzweigung: {}", a);
        let b = 12;
        println!("b innerhalb der Verzweigung: {}", b);
```

```
    }
    println!("a außerhalb der Verzweigung: {}", a);
    println!("b außerhalb der Verzweigung: {}", b);      // Fehlermeldung
}
```

Die letzte Codezeile führt zur Fehlermeldung: „cannot find value ‚b' in this scope".

Die gleiche Fehlermeldung erhalten wir, wenn wir in der main-Funktion eine Variable nutzen, die innerhalb einer anderen Funktion erschaffen wurde:

```
fn main() {
    ...
    ausgabe(a);
    println!("c außerhalb der Funktion: {}", c);        // Fehlermeldung
}
fn ausgabe(a: i32) {
    println!("Parameter: {}", a);
    let c = 12;
}
```

Es ist auch möglich, einen eigenen Scope unabhängig von einer Kontrollstruktur oder Funktion nur durch die geschweiften Klammern zu erschaffen, beispielsweise um einzelne Teilschritte im Rahmen einer Funktion strikt voneinander abzugrenzen. Wir erschaffen ein Beispiel in der in der main-Funktion:

```
fn main() {
    ...
    {
        let innere_zahl = 12;
        println!("{}", innere_zahl);
    }
    ...
}
```

Die Variable „innere_zahl" kann nur innerhalb dieser geschweiften Klammern genutzt werden.

Die Ownership-Regeln besagen, dass

- jeder Wert in Rust zu einer Variablen gehört, die als Owner (Eigentümer) bezeichnet wird

- es nur einen Owner für jeden Wert geben kann

- der Wert gelöscht wird, wenn der Owner den Geltungsbereich verlässt

Der Speicherplatz wird damit automatisch wieder freigegeben, wenn der Scope verlassen und der Wert damit nicht mehr verwendet werden kann.

Das unterscheidet Rust von anderen Programmiersprachen, in denen man sich selbst darum kümmern muss, Speicherplatz wieder freizugeben, wenn er nicht mehr benötigt wird, was dazu führen kann, dass der Speicherplatz zu früh oder zu spät freigegeben wird und damit Fehler entstehen oder Speicherplatz verschwendet wird. Andere Programmiersprachen nutzen einen Garbage Collector, der diese Arbeit abnimmt, der aber eine schlechtere Performance mit sich bringt, weil das Programm dafür immer für einen kurzen Zeitraum unterbrochen werden muss.

Rust vermeidet durch diesen Ansatz häufige Programmierfehler und bewahrt gleichzeitig eine hohe Geschwindigkeit.

Konsolenausgabe:

```
a innerhalb der Verzweigung: 10
b innerhalb der Verzweigung: 12
a außerhalb der Verzweigung: 10
Parameter: 10
12
```

6.3 move und clone

Unterschiede zwischen Stack und Heap als Speicherorte machen sich auch dann bemerkbar, wenn Variablen den Wert einer anderen Variablen erhalten sollen.

Unproblematisch können wir Werte von Variablen an eine andere Variable übergeben, wenn der Wert auf dem Stack gespeichert wird, wie folgendes Beispiel zeigt:

```
fn main() {
    let a = 12;
    let b = a;
    println!("a: {}   b: {}", a, b);
}
```
Hier wird eine Kopie des Wertes von „a" erzeugt und an die Variable „b" übergeben.

Anders verhält es sich bei Variablen, die keine feste Größe haben und deshalb auf dem Heap gespeichert werden, wie beispielsweise bei einem String. Folgender Code erzeugt eine Fehlermeldung bei der Ausgabe des kopierten Textes:

```
fn main() {

    ....
    let text = String::from("Text");
    let text_kopie = text;
    println!("Text: {}   Text-Kopie: {}", text, text_kopie); // Fehlermeldung
}
```

Die Fehlermeldung zeigt, dass es sich bei diesem String um einen „moved value" handelt. Der Wert wurde hier also bewegt, nicht kopiert. Technisch gesehen zeigt die Variable „text_kopie" auf dieselbe Stelle im Speicher wie die Variable „text". Wenn beide Variablen auf die gleiche Speicherstelle zeigen, können sich Probleme ergeben. Zum Beispiel könnte eine Änderung des Wertes der Variablen „text_kopie" den Wert der Variablen „text" ändern. Oder der reservierte Speicherplatz wird zwei Mal freigegeben, wenn beide Variablen den Scope verlassen, obwohl er nur ein Mal existiert.

Um derartige Probleme zu vermeiden, verwendet Rust das „move"-Prinzip. Nach diesem Prinzip ist die ursprüngliche Variable nicht mehr gültig, sobald deren Wert auf eine andere Variable übertragen wurde.

Wenn wir tatsächlich eine Kopie des Textes in die Variable „text_kopie" speichern und die ursprüngliche Variable „text" weiterverwenden möchten, können wir hierzu die „clone"-Funktion nutzen:

```
fn main() {
    ...
    let text = String::from("Text");
    let text_kopie = text.clone();
    println!("Text: {}   Text-Kopie: {}", text, text_kopie);
}
```

Dieser Grundsatz ist auch auf Arrays anwendbar. Beispielsweise kann ein Array, bestehend aus Werten von einem Ganzzahl-Datentyp durch Wertzuweisung kopiert werden:

```
fn main() {
    ...
    let zahlen = [1, 2, 3];
    let zahlen_kopie = zahlen;
    println!("Zahlen: {:?}   Zahlen-Kopie: {:?}", zahlen, zahlen_kopie);
}
```

Für ein Array, bestehend aus Werten des Datentyps String, muss hierfür aber auch die „clone"-Funktion angewendet werden:

```
fn main() {
    ...
    let worte = ["Hallo".to_string(), "Guten Tag".to_string()];
    let worte_kopie = worte.clone();
    println!("Worte: {:?}   Worte-Kopie: {:?}", worte, worte_kopie);
}
```

Ein wichtiger Unterschied besteht aber zwischen Strings und String-Literalen. String-Literale sind Zeichenketten, die so konzipiert sind, dass sie nach ihrer Festlegung nicht mehr geändert werden können. String-Literale werden deshalb auch nicht auf dem Heap, sondern auf dem Stack gespeichert und sind im Vergleich zu Strings effizienter.

Variablen können zwar String-Literale speichern und anschließend ihren Inhalt mit einem neuen String-Literal ändern. Der geänderte Text ist aber ein neues Literal. Der Unterschied macht sich auch beim Kopieren der Variablen bemerkbar, denn für String-Literale wird die „clone"-Funktion nicht benötigt:

```
fn main() {
    ...
    let string_literal = "Hallo";
    let string_literal_kopie = string_literal;
    println!("String-Literal: {}   String-Literal-Kopie: {}", string_literal,
string_literal_kopie);
}
```

Konsolenausgabe:

```
a: 12    b: 12
Text: Text    Text-Kopie: Text
Zahlen: [1, 2, 3]   Zahlen-Kopie: [1, 2, 3]
Worte: ["Hallo", "Guten Tag"]   Worte-Kopie: ["Hallo", "Guten Tag"]
String-Literal: Hallo    String-Literal-Kopie: Hallo
```

6.4 Funktionen im Zusammenhang mit dem Ownership-Konzept

Das Ownership-Konzept ist auch bei Funktionen relevant. Auch hier macht es nämlich sowohl für Parameter, als auch für Rückgabewerte einen Unterschied, ob die jeweiligen Werte auf dem Stack oder dem Heap gespeichert werden.

Wird ein als Parameter übergebener Wert auf dem Stack gespeichert, kann dieser Wert nach der Übergabe an eine Funktion als solcher weitergenutzt werden:

```rust
fn main() {
    let a = 12;
    ausgabe_zahl(a);
    println!("Variable a: {}", a);
}
fn ausgabe_zahl(x: i32) {
    println!("Parameter a: {}", x);
}
```

Wird der Wert aber auf dem Heap gespeichert, findet wie bei Variablen ein „move" statt. Die als Parameter übergebene Variable kann nach dem Funktionsaufruf damit nicht mehr verwendet werden:

```rust
fn main() {
    ...
    let text = "Hallo".to_string();
    ausgabe_text(text);
    println!("Variable text: {}", text);        // Fehlermeldung
}
fn ausgabe_text(t: String) {
    println!("Parameter text: {}", t);
}
```

Um den „move"-Vorgang zu verhindern, kann ein Parameter als Referenz übergeben werden. Dabei wird dieser Wert nicht komplett übernommen, sondern nur geliehen. Um einen Parameter als Referenz zu bestimmen, wird der &-Operator verwendet:

```rust
fn ausgabe_referenz(t: &String) {
    println!("Parameter Referenz: {}", t);
}
```

Beim Aufruf der Funktion muss der &-Operator ebenfalls angegeben werden:

```rust
fn main() {
    ...
    let t = "Tschüss".to_string();
    ausgabe_referenz(&t);
    println!("Variable t: {}", t);
}
```

Standardmäßig ist die Referenz – wie Variablen auch – nicht veränderbar. Um der Funktion zu ermöglichen, die Variable zu ändern, muss die Referenz als „mutable" gekennzeichnet sein:

```
fn ergaenzter_text(t: &mut String) {
    t.push_str("...");
}
```

Beim Aufruf der Funktion muss auch die veränderbare Referenz durch „&mut" angegeben werden:

```
fn main() {
    ...
    let mut text_ergaenzt = "Programm beendet".to_string();
    ergaenzter_text(&mut text_ergaenzt);
    println!("{}", text_ergaenzt);
}
```

Konsolenausgabe:

```
Parameter a: 12
Variable a: 12
Parameter text: Hallo
Parameter Referenz: Tschüss
Variable t: Tschüss
Programm beendet...
```

7 Collections

Collections sind Datenstrukturen, die aus mehreren Werten bestehen, ähnlich wie Arrays. Wie der Name schon verrät, handelt es sich hierbei um Sammlungen; diese haben unterschiedliche Eigenschaften und wurden für unterschiedliche Anwendungsbereiche konzipiert. In diesem Abschnitt gehen wir auf die wichtigsten Datenstrukturen in der Programmiersprache Rust ein.

7.1 Vektoren

Ein Vektor ist eine Datenstruktur, in der mehrere Werte hintereinander abgespeichert werden. Insofern ähnelt ein Vektor dem Array, hat aber im Gegensatz zum Array keine festgelegte Länge. Die Länge des Vektors ändert sich automatisch mit dem Hinzufügen oder Entfernen von Werten.

Einen leeren Vektor erzeugen wir mit folgendem Code:

```
let mut erster_vec: Vec<i64> = Vec::new();
```
Wichtig ist auch hier, den Vektor als „mutable" zu deklarieren, damit dieser veränderbar ist.

Einen Vektor können wir schon bei der Erzeugung mit Werten versehen. Der Datentyp wird dabei automatisch festgelegt, wie im folgenden Beispiel:

```
let mut zweiter_vec = vec![3, 6, 9];
println!("{:?}", zweiter_vec);
```

Der Zugriff auf Elemente ist wie bei Arrays durch Angabe des Index möglich:

```
let a = zweiter_vec[2];
println!("{}", a);
```

Einzelne Elemente können wir hierdurch auch in ihrem Wert abändern:

```
zweiter_vec[2] = 12;
println!("{}", a);
```

Elemente hinzufügen können wir mit der „push"-Funktion, Elemente einfügen mit der „insert"-Funktion:

```
erster_vec.push(42);
println!("{:?}", erster_vec);

zweiter_vec.push(1);
zweiter_vec.insert(1,    8);
println!("{:?}", zweiter_vec);
```

Elemente am Ende des Vektors lassen sich mit der „pop"-Funktion, Elemente an einer bestimmten Position im Vektor mit der „remove"-Funktion entfernen:

```
zweiter_vec.pop();
zweiter_vec.remove(1);
println!("{:?}", zweiter_vec);
```

Die Elemente im Vektor lassen sich auch aufsteigend sortieren:

```
zweiter_vec.push(1);
zweiter_vec.sort();
println!("{:?}", zweiter_vec);
```

... bzw. absteigend sortieren:

```
zweiter_vec.reverse();
println!("{:?}", zweiter_vec);
```

Die Anzahl der Elemente im Vektor liefert die „len"-Funktion:

```
println!("Der zweite Vektor hat {} Elemente.", zweiter_vec.len());
```

Konsolenausgabe:

```
[3, 6, 9]
9
9
[42]
[3, 8, 6, 12, 1]
[3, 6, 12]
[1, 3, 6, 12]
[12, 6, 3, 1]
Der zweite Vektor hat 4 Elemente.
```

7.2 HashMap

Eine HashMap ist ein Speicher, der aus Schlüsseln und Werten besteht. Die in der HashMap gespeicherten Werte sind mit dem Schlüssel verbunden, sodass auf diese nur mit dem Schlüssel zugegriffen werden kann. Eine HashMap kann man sich auch als eine Art Telefonbuch vorstellen, bei dem mit Angabe eines Namens auf eine Telefonnummer zugegriffen werden kann.

Vorab müssen wir durch folgende Importanweisung die Möglichkeit schaffen, HashMaps zu erzeugen:

```
use std::collections::HashMap;
```

Eine leere HashMap können wir wie folgt erzeugen:

```
let mut map_adressen = HashMap::new();
```

Die HashMap besteht aus keys und values, die durch die „insert"-Funktion eingefügt werden:

```
map_adressen.insert(String::from("Guenter  Weber"),  String::from("Fichtenweg
292, 89150 Laichingen"));
map_adressen.insert(String::from("Lisa Schulze"), String::from("Eichenstrasse
145, 95179 Schauenstein"));
println!("{:?}", map_adressen);
```

Eine leere HashMap können wir auch mit vorgegebenem Datentyp erzeugen:

```
let mut map_alter: HashMap<String, u8> = HashMap::new();
```

Keys und values können wir wie folgt nutzen:

```
let name = String::from("Guenter Weber");
```

Die „get"-Funktion liefert eine Option zurück und damit einen Wert, sofern dieser vorhanden ist. Ansonsten wird „None" – in anderen Programmiersprachen auch als „Null" bekannt – zurückgeliefert. Der „get"-Funktion muss eine Referenz übergeben werden:

```
let adresse_option = map_adressen.get(&name);
```

Um den Rückgabewert auszugeben, muss im Platzhalter ein „:?" angegeben werden. Die Ausgabe selbst unterscheidet sich ebenfalls von normalen Variablen:

```
println!("Adresse von {}: {:?}", name, adresse_option);
```

Um den Wert als solchen anstelle des „Some()", zu erhalten, können wir prüfen, ob sich ein bestimmter Schlüssel in der HashMap befindet und für diesen Fall den Wert an eine Variable übergeben:

```
let mut adresse_direkt = String::new();
if map_adressen.contains_key(&name) {
```
Damit der Rückgabewert nicht Option ist, wird hier die „unwrap"-Funktion verwendet, die „to_string"-Funktion, damit er kein &String ist:

```
    adresse_direkt = map_adressen.get(&name).unwrap().to_string();
}
println!("Adresse von {}: {}", name, adresse_direkt);
```
Würde man nur die „unwrap"-Funktion ohne Kontrollstruktur verwenden, käme eine Fehlermeldung, wenn der key nicht vorhanden ist.

Wir können durch HashMap-Werte ebenfalls iterieren, beispielsweise um zu prüfen, ob Wert vorhanden ist:

```
let adresse_test = String::from("Eichenstrasse 145, 95179 Schauenstein");
for a in map_adressen.values() {
    if a == &adresse_test {
        println!("Anschrift vorhanden");
    }
}
```

Die Anzahl der Elemente der HashMap lässt sich mit der „len"-Funktion ermitteln:

```
println!("Es sind {} Anschriften vorhanden.", map_adressen.len());
```

Elemente lassen sich mit der „remove"-Funktion entfernen:

```
map_adressen.remove(&name);
println!("Es sind {} Anschriften vorhanden.", map_adressen.len());
```

Alle Elemente der HashMap lassen sich mit der „clear"-Funktion entfernen:

```
map_adressen.clear();
println!("Es sind {} Anschriften vorhanden.", map_adressen.len());
```

Konsolenausgabe:

```
{"Lisa Schulze": "Eichenstrasse 145, 95179 Schauenstein", "Guenter Weber":
"Fichtenweg 292, 89150 Laichingen"}
Adresse von Guenter Weber: Some("Fichtenweg 292, 89150 Laichingen")
Adresse von Guenter Weber: Fichtenweg 292, 89150 Laichingen
Anschrift vorhanden
Es sind 2 Anschriften vorhanden.
Es sind 1 Anschriften vorhanden.
Es sind 0 Anschriften vorhanden.
```

7.3 HashSet

Die HashSet ist eine Datenstruktur, in der jedes Element nur einmal vorkommen kann. Eine HashSet eignet sich deshalb gut für die Speicherung von Werten, bei denen von vornherein feststeht, dass diese nicht mehrfach vorkommen können dürfen.

Für die Nutzung der HashSet ist folgende Importanweisung erforderlich:

```
use std::collections::HashSet;
```

Eine HashSet können wir mit folgendem Befehl erzeugen:

```
let mut set_gewinn_zahlen = HashSet::new();
```

Elemente werden mit der „insert"-Funktion hinzugefügt:

```
set_gewinn_zahlen.insert(3);
set_gewinn_zahlen.insert(12);
set_gewinn_zahlen.insert(19);
```

Die hinzugefügten Elemente sind nicht sortiert. Folgende Ausgabe wird nach mehrfacher Ausführung nicht das gleiche Ergebnis anzeigen:

```
println!("Gewinn-Zahlen: {:?}", set_gewinn_zahlen);
```

Die „contains"-Funktion ermöglicht die Prüfung, ob Elemente vorhanden sind. Elemente können mit der „remove"-Funktion entfernt werden:

```
if set_gewinn_zahlen.contains(&12) {
    set_gewinn_zahlen.remove(&12);
}
println!("Gewinn-Zahlen: {:?}", set_gewinn_zahlen);
```

Konsolenausgabe:

```
Gewinn-Zahlen: {3, 19, 12}
Gewinn-Zahlen: {3, 19}
```

7.4 LinkedList

Eine LinkedList ist eine Datenstruktur, die wie eine Kette funktioniert. Die in der LinkedList enthaltenen Elemente müssen alle vom gleichen Datentyp sein und sind mit ihrem Vorgänger und Nachfolger verbunden.

Um die LinkedList nutzen zu können, ist folgende Importanweisung erforderlich:

```
use std::collections::LinkedList;
```

Die LinkedList kann mit der „new"-Funktion erzeugt werden:

```
let mut list_temperaturen = LinkedList::new();
```

Der LinkedList können wir Elemente an die vorderste oder die hinterste Stelle hinzufügen:

```
list_temperaturen.push_front(21.3);
list_temperaturen.push_front(20.5);
list_temperaturen.push_front(18.9);
println!("Temperaturen: {:?}", list_temperaturen);
```

Bei der Ausgabe der Liste nach Hinzufügen eines Elements an die hinterste Stelle sehen wir den Unterschied:

```
list_temperaturen.push_back(19.7);
println!("Temperaturen: {:?}", list_temperaturen);
```

Die „contains"-Funktion ermöglicht auch hier die Prüfung, ob ein Element vorhanden ist:

```
if list_temperaturen.contains(&20.5) {
    println!("Temperatur vorhanden.");
}
```

In folgendem Beispiel gehen wir durch sämtliche Elemente der Liste und berechnen hieraus die Durchschnittstemperatur:

```
let mut summe = 0.0;
for t in &list_temperaturen {
    summe += t;
}
let durchschnitts_temperatur = summe / list_temperaturen.len() as f64;
println!("Durchschnitts-Temperatur: {}", durchschnitts_temperatur);
```

Elemente können an vorderster oder hinterster Stelle gelöscht werden:

```
list_temperaturen.pop_front();
list_temperaturen.pop_back();
```

Konsolenausgabe:

```
Temperaturen: [18.9, 20.5, 21.3]
Temperaturen: [18.9, 20.5, 21.3, 19.7]
Temperatur vorhanden.
Durchschnitts-Temperatur: 20.1
```

7.5 Programmieraufgabe 6

Teil 1:

Programmiere eine Funktion, die 6 zufällige Gewinnzahlen im Zahlenbereich von 1 bis 49 zieht. Die gezogenen Zahlen sollen in eine HashSet gespeichert werden. Die Funktion soll eine HashSet aus 6 getippten Zahlen als Parameter entgegennehmen und prüfen, wie viele Zahlen in der als Parameter übergebenen HashSet mit den gezogenen Zahlen übereinstimmen, die gezogenen Zahlen, die getippten Zahlen und die Anzahl der „Richtigen" ausgeben.

Im Rahmen der main-Funktion soll das Programm zur Eingabe von 6 Zahlen aus dem Zahlenbereich von 1 bis 49 bitten. Die getippten Zahlen sollen in eine HashSet gespeichert werden, die der oben beschriebenen Funktion übergeben werden soll.

Bei den getippten und gezogenen Zahlen soll das Programm sicherstellen, dass jeweils 6 Zahlen gezogen und in die HashSets gespeichert werden, wenn eine Zahl doppelt eingegeben, bzw. gezogen wurde.

Teil 2:

Programmiere eine HashMap, in die die drei deutschen Wörter „Baum", „Holz" und „Wurzel" und die jeweiligen englischen Übersetzungen „tree", „wood" und „root" gespeichert werden. Das Programm soll im Rahmen einer For-Schleife alle deutschen Wörter und englischen Übersetzungen nebeneinander ausgeben.

Viel Spass und viel Erfolg !

7.6 Lösungsvorschlag Programmieraufgabe 6

Konsolenausgabe:

```
### Lotterie ###
Bitte gib 6 Zahlen-Tipps ein (Zahlen zwischen 1 und 49):
12
17
55
Fehlerhafte Eingabe. Die Zahl darf nicht doppelt vorkommen und muss zwischen
1 und 49 liegen.
Bitte Zahl erneut eingeben:
31
33
33
Fehlerhafte Eingabe. Die Zahl darf nicht doppelt vorkommen und muss zwischen
1 und 49 liegen.
Bitte Zahl erneut eingeben:
42
44
Gewinnzahlen: {11, 42, 27, 14, 7, 5}
Getippte Zahlen: {44, 42, 12, 31, 17, 33}
1 Richtige

Wörterbuch Deutsch-Englisch
Wurzel: root
Holz: wood
Baum: tree
```

Code:

```rust
use std::io;
use rand::Rng;
use std::collections::HashSet;
use std::collections::HashMap;

fn main() {

    // Teil 1
    let mut set_tipp = HashSet::new();
    let mut eingabe = String::new();

    println!("### Lotterie ###");
    println!("Bitte gib 6 Zahlen-Tipps ein (Zahlen zwischen 1 und 49):");

    for i in 1..=6 {

        io::stdin().read_line(&mut eingabe).expect("Eingabe konnte nicht
            gelesen werden.");
        let mut zahl: i32 = eingabe.trim().parse().unwrap();

        while set_tipp.contains(&zahl) || zahl < 1 || zahl > 49 {
            eingabe.clear();
            println!("Fehlerhafte Eingabe. Die Zahl darf nicht doppelt
                    vorkommen und muss zwischen 1 und 49 liegen.");
            println!("Bitte Zahl erneut eingeben:");
            io::stdin().read_line(&mut  eingabe).expect("Eingabe  konnte  nicht
                    gelesen werden.");
            zahl = eingabe.trim().parse().unwrap();
        }

        set_tipp.insert(eingabe.trim().parse().unwrap());
        eingabe.clear();
    }
    lotto(set_tipp);

    // Teil 2
    let mut map_woerterbuch = HashMap::new();
    map_woerterbuch.insert(String::from("Baum"), String::from("tree"));
    map_woerterbuch.insert(String::from("Holz"), String::from("wood"));
    map_woerterbuch.insert(String::from("Wurzel"), String::from("root"));

    println!("\nWörterbuch Deutsch-Englisch");

    for wort in map_woerterbuch.keys() {
        println!("{}: {}", wort,
                map_woerterbuch.get(wort).unwrap().to_string());
    }

}

// Teil 1
fn lotto(set_tipp: HashSet<i32>) {

    let mut set_gewinn_zahlen = HashSet::new();
```

```
    let mut gezogene_zahl;
    let mut richtige = 0;

    for i in 1..=6 {
        gezogene_zahl = rand::thread_rng().gen_range(1..=49);
        while set_gewinn_zahlen.contains(&gezogene_zahl) {
            gezogene_zahl = rand::thread_rng().gen_range(1..=49);

        }
        if set_tipp.contains(&gezogene_zahl) {
            richtige += 1;
        }
        set_gewinn_zahlen.insert(gezogene_zahl);
    }

    println!("Gewinnzahlen: {:?}", set_gewinn_zahlen);
    println!("Getippte Zahlen: {:?}", set_tipp);
    println!("{} Richtige", richtige);
}
```

8 Instanziierbare Datentypen und Pattern Matching

8.1 Structs

Ein „Struct" ist ein Datentyp, der die Gruppierung von Werten ermöglicht. Wie der Name schon verrät, handelt es sich hierbei um eine Struktur; diese enthält sog. Bezeichner, die für den jeweiligen gespeicherten Wert stehen. Mit Structs können Objekte aus der realen Welt am ehesten durch den Quellcode abgebildet werden, weil wir diesen Objekten ihre jeweiligen Eigenschaften zuweisen können. Insofern bestehen Ähnlichkeiten zur objektorientierten Programmierung, die auch aus anderen Programmiersprachen bekannt sind.

Ein Struct wird außerhalb der main-Funktion durch das Schlüsselwort „struct" definiert. Anschließend folgt der Name der Struktur. Innerhalb der geschweiften Klammern folgen die Bezeichner und deren jeweiliger Datentyp. Die Bezeichner werden auch Felder genannt:

```
struct Auto {
    marke: String,
    modell: String,
    preis: f64,
    leistung: i32
}

fn main() {

}
```

Im Rahmen der main-Funktion können wir jetzt eine Instanz des Structs „Auto" erzeugen. Die Instanz kann man sich wie ein Objekt mit den jeweiligen Eigenschaften dieser Struktur vorstellen. Beispielsweise können wir in der main-Funktion einen „Opel Corsa" erzeugen (dabei muss auch die Instanz „mutable" sein, wenn Eigenschaften veränderbar sein können sollen):

```
fn main() {
    let mut auto1 = Auto {
        marke: String::from("Opel"),
        modell: String::from("Corsa"),
        preis: 19850.00,
        leistung: 100
    };
}
```

Den Zugriff auf die einzelnen Eigenschaften ermöglicht die Instanz des Structs zusammen mit dem Punkt-Operator:

```
fn main() {
    ...
    println!("Preis: {} €", auto1.preis);
    auto1.preis = 20125.0;
    println!("Preis geändert: {} €", auto1.preis);
}
```

Eine Struct-Instanz können wir auch in vereinfachter Form über eine Funktion erstellen. Wenn die Funktions-Parameter und die Felder des Structs denselben Namen haben, muss der Datentyp nach dem Namen des Feldes nicht angegeben werden. Folgende Funktion liefert eine Instanz des Structs „Auto" zurück:

```
fn auto_erstellen(marke: String, modell: String, preis: f64, leistung: i32) ->
Auto {
    Auto {
        marke,
        modell,
        preis,
        leistung
    }
}
```

Im Rahmen der main-Funktion lässt sich eine weitere Auto-Instanz ohne Angabe der Felder erzeugen:

```
fn main() {
    ...
    let mut auto2 = auto_erstellen(
        "Volkswagen".to_string(),
        "Polo".to_string(),
        24500.0,
        105
    );
    println!("Preis Auto 2: {} €", auto2.preis);
}
```

Wenn weitere Struct-Instanzen Eigenschaften bestehender Instanzen übernehmen sollen, lassen sich diese unter Zugriff auf die Eigenschaften bestehender Instanzen ebenfalls vereinfacht erzeugen. Einen weiteren Opel Corsa können wir beispielsweise mit folgendem Code erzeugen:

```
fn main() {
    ...
    let mut auto3 = Auto {
        preis: 17500.0,
        leistung: 75,
```

Mit folgendem Code werden alle weiteren Eigenschaften (hier Marke und Modell) aus der bestehenden Instanz übernommen:

```
        ..auto1
    };
    println!("Auto 3 ist auch ein {} {}", auto3.marke, auto3.modell);
}
```

Konsolenausgabe:

```
Preis: 19850 €
Preis geändert: 20125 €
Preis Auto 2: 24500 €
Auto 3 ist auch ein Opel Corsa
```

8.2 Methoden für Structs

Methoden sind Funktionen sehr ähnlich, werden aber nur im Zusammenhang mit Structs, Enums oder Traits verwendet. Methoden können ebenso wie Funktionen Parameter verwenden und Rückgabewerte liefern und werden auch mit dem Schlüsselwort „fn" definiert. Der wesentliche Unterschied besteht darin, dass Methoden nur für Instanzen von Structs, bzw. Enums und Traits zur Verfügung stehen.

Für unser Beispiel erschaffen wir ein neues Struct mit zwei Feldern:

```
struct Rechteck {
    laenge: u64,
    breite: u64
}
```

Für Instanzen dieses Structs definieren wir nun eine Methode, die den Flächeninhalt des Rechtecks berechnen und zurückgeben soll. Die Methode wird in einen Implementierungsblock geschrieben, der bestimmt, dass diese nur für Instanzen des Structs Rechteck gelten soll. Innerhalb dieses Blocks wird die Funktion programmiert:

```
impl Rechteck {
    fn flaechen_inhalt(&self) -> u64 {
        return self.laenge * self.breite;
    }
}
```

Das Schlüsselwort „self" repräsentiert die jeweilige Instanz selbst. Nicht jedes Rechteck hat die gleiche Länge und Breite und damit auch einen anderen Flächeninhalt. Methoden müssen den Parameter „self", ggf. als Referenz, entgegennehmen. Die Instanz sollte als Referenz übergeben werden, da auch hier ansonsten ein „move" stattfindet und die Instanz nach Aufruf der Funktion ebenfalls nicht mehr gültig wäre.

Der Unterschied zur „normalen" Funktion macht sich bemerkbar, wenn wir die Methode „flaechen_inhalt" in unserem Programm verwenden wollen. Hierfür müssen wir eine Rechteck-Instanz verwenden:

```
fn main() {
    let mut rechteck1 = Rechteck {laenge: 12, breite: 8};
    let mut rechteck2 = Rechteck {laenge: 10, breite: 9};
```

Der Parameter „self" muss beim Aufruf der Methode nicht angegeben werden:

```
    println!("Fläche Rechteck 1: {}", rechteck1.flaechen_inhalt());
    println!("Fläche Rechteck 2: {}", rechteck2.flaechen_inhalt());
}
```

„Impl"-Blöcke können mehrere Methoden beinhalten. Wir können beispielsweise eine weitere Methode zur Berechnung des Umfangs für Rechteck-Instanzen programmieren:

```
impl Rechteck {
    ...
    fn umfang(&self) -> u64 {
        return (self.laenge * 2) + (self.breite * 2);
```

```
        }
    }
fn main() {
        ...
        println!("Umfang Rechteck 1: {}", rechteck1.umfang());
}
```

Wenn eine Methode mehrere Parameter nutzen soll, muss der erste Parameter immer die Instanz sein (bzw. die Referenz):

```
impl Rechteck {
        ...
        fn ausgabe_eigenschaften(&self, farbe: String) {
            println!("Das Rechteck hat die Länge {}, die Breite {} und die Farbe
                {}.", self.laenge, self.breite, farbe);
        }
}
fn main() {
        ...
        rechteck1.ausgabe_eigenschaften("blau".to_string());
}
```

Konsolenausgabe:

```
Fläche Rechteck 1: 96
Fläche Rechteck 2: 90
Umfang Rechteck 1: 40
Das Rechteck hat die Länge 12, die Breite 8 und die Farbe blau.
```

8.3 Enums

Enums sind Aufzählungen von Daten. Enums können wie Structs dazu verwendet werden, einen benutzerdefinierten Datentyp zu erzeugen. Im Gegensatz zum Struct kann die Instanz eines Enums aber nur eines der vorgegebenen Eigenschaften übernehmen.

Ein Enum wird durch das Schlüsselwort „enum" erzeugt:

```
enum Jahreszeit {
    Fruehling,
    Sommer,
    Herbst,
    Winter
}
```

In der main-Funktion erzeugen wir eine Enum-Instanz, die eine der vorgegebenen Eigenschaften annehmen wird:

```
fn main() {
    let j1 = Jahreszeit::Fruehling;
}
```

Auch für Enums können Implementierungsblöcke geschaffen werden:

```
impl Jahreszeit {
    fn ausgabe(&self) {
        println!("Die Jahreszeiten sind Frühling, Sommer, Herbst und Winter");
    }
}
```

Die Methode können wir in der main-Funktion wie folgt aufrufen:

```
fn main() {
    let j1 = Jahreszeit::Fruehling;
    j1.ausgabe();
}
```

Das Enum ist auch in einem anderen Zusammenhang relevant. In vielen Programmiersprachen gibt es nämlich den Wert „null" für den Fall, dass ein Wert fehlen oder vorhanden sein kann. In Rust gibt es nicht den Wert „null", sondern stattdessen das Enum „Option". Die Definition des Enums Option sieht wie folgt aus:

```
enum Option<T> {
    Some(T),
    None,
}
```

Das in eckige Klammern geschriebene „T" steht für einen generischen Parameter. Hierfür können Werte eines beliebigen Datentyps verwendet werden. Dieses Enum muss **nicht** in unserem Code definiert sein, sondern kann automatisch genutzt werden Um folgende Beispiel-Instanzen zu erzeugen, darf das Enum „Option" nicht ausdrücklich in unserem Code stehen:

```
fn main() {

    let a = Some("Hallo");
    let b = Some(42);
    let c: Option<u8> = None;
}
```

Konsolenausgabe:

```
Die Jahreszeiten sind Frühling, Sommer, Herbst und Winter
```

8.4 Pattern Matching

Mit dem match-Operator können Werte auf verschiedene Muster getestet werden, auch um herauszufinden, ob eine Option den Wert None hat oder nicht.

Für die Variablen „b" und „c" aus dem vorangegangenen Kapitel sind folgende Beispiele für Pattern Matching möglich:

```
let b = Some(42);
let c: Option<u8> = None;

match b {
    Some(i) => println!("b: {}", i),
    None => println!("b: Kein Wert"),
}
match c {
    Some(i) => println!("c: {}", i),
    None => println!("c: Kein Wert"),
}
```

Wichtig beim Pattern Matching ist, dass immer alle möglichen Fälle abgedeckt werden. Wenn Pattern Matching beispielsweise bei einer Ganzzahl-Variablen angewendet wird, muss der entsprechende Wertebereich abgedeckt sein. Zu einer Fehlermeldung führt folgender Code:

```
let zahl = 10;
match zahl {
    10 => println!("Zahl = 10"),
}
```

Den Fehler beheben wir durch Ergänzung des Default-Falles:

```
let zahl = 10;
match zahl {
    10 => println!("Zahl = 10"),
    _ => println!("Ein anderer Wert")
}
```

Der match-Operator lässt sich auch sehr gut im Zusammenhang mit Enums einsetzen. In folgendem Beispiel wird geprüft, welchen Wert die jeweilige Enum-Instanz hat und ein dementsprechender Befehl erzeugt. Wir nutzen dafür unser Enum „Jahreszeit" und die vorhandene Implementierung:

```
impl Jahreszeit {
    ...
    fn eigenschaft(&self) -> String {
        match self {
            Jahreszeit::Fruehling => "Die Blumen blühen.".to_string(),
            _ => "...".to_string(),
        }
    }
}
```

Ein weiteres Beispiel im Zusammenhang mit einer Struct-Instanz:

```
struct Rechteck {
    laenge: u64,
    breite: u64
}
fn main() {

    let r1 = Rechteck {laenge: 15, breite: 20};
    match r1 {
        Rechteck {laenge: 15, breite: _} => println!("Länge: 15, Breite:
            beliebig"),
```

```
        Rechteck {laenge: _, breite: _} => println!("Länge: beliebig, Breite:
            beliebig")
    }
}
```

Konsolenausgabe:

```
b: 42
c: Kein Wert
Zahl = 10
Länge: 15, Breite: beliebig
```

9 Generics, Traits, Lifetimes

In diesem Abschnitt befassen wir uns mit generischen Typen, Traits und Lifetimes.

9.1 Generics

Generische Typen ermöglichen uns, Funktionalitäten für beliebige Datentypen zur Verfügung zu stellen. Damit können wir unseren Quellcode flexibler gestalten und vielseitiger verwenden, weil wir nicht für die gleiche Funktionalität beispielsweise mehrere Datenstrukturen, Funktionen, usw. bereitstellen müssen.

Ein Struct mit generischem Typ ermöglicht uns die Erzeugung von Instanzen mit Eigenschaften unterschiedlicher Datentypen. Von folgendem Struct können wir Instanzen mit der Eigenschaft von Ganzzahl- und Kommazahl-Datentypen erzeugen:

```
struct Zahl<T> {
    wert: T
}
```

Generische Typen werden grundsätzlich als „T" bezeichnet. Wollen wir generische Parameter in unserem Struct verwenden, müssen wir nach dem Namen des Structs den generischen Typen in spitzen Klammern bezeichnen. Für Felder des Structs, die den generischen Typen verwenden sollen, wird der Name wie der Datentyp auch genannt (hier „T", statt beispielsweise „i32").

Von unserem Struct können wir Instanzen mit verschiedenen Eigenschaften (hier mit den Datentypen „i32" und „f64") beispielsweise so erzeugen und deren Werte in der Konsole ausgeben lassen:

```
fn main() {
    let erste_zahl = Zahl {
        wert: 3
    };
    let zweite_zahl = Zahl {
        wert: 3.5
    };
    println!("{}", erste_zahl.wert);
    println!("{}", zweite_zahl.wert);
}
```

Wenn wir mehrere generische Typen verwenden möchten, können wir den Bezeichner „T" für mehrere Eigenschaften verwenden, wie in folgendem Beispiel, in dem wir eine Instanz des Structs „Punkt" nutzen werden:

```
struct Punkt<T> {
    x: T,
    y: T
}

fn main() {
    ...
```

```
    let punkt_p = Punkt{
        x: 4.5,
        y: 2.3      // Die y-Koordinate "2" wäre nicht möglich
    };
    println!("Punkt P - x: {}   y: {}", punkt_p.x, punkt_p.y);
}
```

Wird der gleiche Bezeichner (hier „T") für mehrere Eigenschaften verwendet, wird bei der ersten Zuweisung des Wertes einer Eigenschaft der Datentyp für „T" festgelegt. Es wäre hier also nicht möglich, die y-Koordinate mit einer Ganzzahl festzulegen.

Wollen wir verschiedene Datentypen für Eigenschaften ermöglichen, müssen wir für die generischen Typen unterschiedliche Bezeichner wählen, wie in folgendem Beispiel, bei dem der Nutzername von Zugangsdaten aus einem String, das Passwort aber aus einer Ganzzahl bestehen kann:

```
struct Zugangsdaten<T, U> {
    nutzername: T,
    passwort: U
}

fn main() {
    ...
    let zugangsdaten_markus = Zugangsdaten {
        nutzername: String::from("marScho94"),
        passwort: 2397
    };
    println!("Zugangsdaten Markus");
    println!("Nutzername: {}   Passwort: {}", zugangsdaten_markus.nutzername,
            zugangsdaten_markus.passwort);
}
```

Auch Methoden für Structs (oder Enums, für die wir ebenfalls generische Typen verwenden können) können generische Typen verwenden. Eine Methode zur Ausgabe der Zugangsdaten als generische Typen muss dabei das Modul „Display" implementieren, was direkt nach dem Bezeichner des generischen Typs vor dem Namen der Methode geschehen kann. Nach dem Namen der Methode müssen die generischen Typen ein zweites Mal genannt werden:

```
impl <T: std::fmt::Display, U: std::fmt::Display> Zugangsdaten<T, U> {
    fn daten_ausgeben(&self) {
        println!("Zugangsdaten - Nutzername: {}   Passwort: {}",
                &self.nutzername, &self.passwort);
    }
}

fn main() {
    ...
    zugangsdaten_markus.daten_ausgeben();
}
```

Konsolenausgabe:

```
3
3.5
```

```
Punkt P - x: 4.5    y: 2.3
Zugangsdaten Markus
Nutzername: marScho94    Passwort: 2397
Zugangsdaten - Nutzername: marScho94    Passwort: 2397
```

9.2 Traits

Traits werden verwendet, um zu garantieren, dass ein Typ eine bestimmte Funktionalität haben soll. Traits sind ähnlich zu Interfaces in anderen Programmiersprachen, beispielsweise Java.

Einen Trait definieren wir mit dem Schlüsselwort „trait" und legen in den geschweiften Klammern fest, welche Methode(n) der Trait enthalten soll. Dabei wird nur der Name der Methode, die Parameterliste und ggf. der Rückgabetyp angegeben. Folgender Trait soll eine gleichnamige Methode (mit dem Unterschied, dass diese kleingeschrieben wird) zur Ausgabe von Daten beinhalten:

```
trait Ausgabe {
    fn ausgabe_daten(&self);
}
```

Die Implementierung ist unterschiedlich, je nachdem wofür die jeweilige Methode implementiert wird. Die Methode soll für verschiedene geometrische Figuren eingesetzt werden können. Wir erzeugen zwei Structs mit den Grundeigenschaften der jeweiligen Figur:

```
struct Rechteck {
    laenge: i32,
    breite: i32
}

struct Punkt {
    x: f64,
    y: f64
}
```

Die Implementierung der Methode erfolgt hier für zwei verschiedene Structs und hat deshalb einen jeweils anderen Inhalt:

```
impl Ausgabe for Rechteck {
    fn ausgabe_daten(&self) {
        println!("Länge: {}   Breite: {}", &self.laenge, &self.breite);
    }
}

impl Ausgabe for Punkt {
    fn ausgabe_daten(&self) {
        println!("X: {}   Y: {}", &self.x, &self.y);
    }
}
```

Von beiden Structs können wir Instanzen erzeugen, mit denen wir eine gleichnamige Methode aufrufen, die unterschiedliche Ergebnisse liefert:

```
fn main() {
    let r = Rechteck {
        laenge: 12,
        breite: 15
    };
    let p = Punkt {
        x: 5.1,
        y: 2.9
    };
    r.ausgabe_daten();
    p.ausgabe_daten();
}
```

Neben der speziellen Implementierung für bestimmte Structs besteht die Möglichkeit, Standardimplementierungen vorzunehmen. Diese Implementierungen können eingesetzt werden, ohne dass wir für das Struct eine spezielle Implementierung vornehmen müssen. Die Standardimplementierung wird im Trait selbst vorgegeben:

```
trait Figur {
    fn ausgabe_figur(&self) {
        println!("Ich bin eine geometrische Figur.");
    }
}
```

Wenn wir die Methode einem Struct zur Verfügung stellen wollen, müssen wir keine Implementierung vornehmen, beispielsweise für unser Struct „Rechteck":

```
impl Figur for Rechteck {
}
```

Standardimplementierungen können überschrieben werden. Wenn wir eine Methodenimplementierung für ein bestimmtes Struct spezieller gestalten wollen, ersetzen wir die Implementierung durch eine andere. Wir erzeugen hierfür ein Struct „Kreis" und überschreiben die Methode „ausgabe_figur":

```
struct Kreis {
    radius: f64
}

impl Figur for Kreis {
    fn ausgabe_figur(&self) {
        println!("Ich bin ein Kreis.")
    }
}
```

Im Rahmen der main-Funktion können wir mit der Rechteck- und einer neu erzeugten Kreis-Instanz auf die Methode zugreifen und erhalten dabei unterschiedliche Ergebnisse:

```
fn main() {
    ...
```

```
        r.ausgabe_figur();
    let k = Kreis {
        radius: 4.2
    };
    k.ausgabe_figur();
}
```

Für Funktionen, die generische Typen verwenden, müssen in manchen Fällen auch Traits implementiert werden, um diese überhaupt funktionsfähig zu machen. Wir programmieren eine Funktion zur Ermittlung der größten Zahl in einem Array. Damit es keine Rolle spielt, in welchem Datentyp die Zahlen im Array gespeichert wurden, verwenden wir als Parameter der Funktion „groesste_zahl" einen generischen Typen. Grundsätzlich würden wir die Funktion und den Funktionsaufruf in der main-Funktion wie folgt programmieren:

```
fn main() {
    ...
    let zahlen = [2, 5, 7, 9, 4];
    groesste_zahl(zahlen);
}

fn groesste_zahl<T>(zahlen: [T; 5]) {
    let mut zahl = zahlen[0];
    for z in zahlen {
```

Diese Zeile Code führt zum Fehler, weil Elemente des Typs „T" nicht direkt mit dem Operator „<" verglichen werden können:

```
        if zahl < z {
            zahl = z;
        }
    }
    println!("Die grösste Zahl: {}", zahl);
}
```

Damit unser Programm funktioniert, müssen wir sicherstellen, dass Elemente mit generischem Typ vergleichbar sind. Dafür muss unsere Funktion den Trait „PartialOrd" implementieren. Außerdem muss unsere Fuktion garantieren, dass kein move stattfindet, sondern stattdessen eine Kopie der übergebenen Werte erzeugt wird. Damit der Wert aus dem Array in die Variable „zahl" kopiert werden kann, müssen wir deshalb den Trait „Copy" implementieren. Damit unsere Funktion die größte Zahl ausgeben kann, müssen wir noch den Trait „Display" implementieren.

Die Kopfzeile unserer Funktion muss damit angepasst werden:

```
fn groesste_zahl<T: Copy + PartialOrd + Display>(zahlen: [T; 5]) {
```

Den Rest des Codes können wir unverändert lassen. Unser Programm gibt als größte Zahl die „9" aus.

Konsolenausgabe:

```
Länge: 12   Breite: 15
X: 5.1   Y: 2.9
Ich bin eine geometrische Figur.
```

```
Ich bin ein Kreis.
Die grösste Zahl: 9
```

9.3 Lifetimes

Lifetimes bestimmen die Gültigkeitszeit, bzw. Lebenszeit einer Referenz und sorgen u. a. dafür, dass es keine ungültigen Pointer (Zeiger) gibt. Häufig wird die Lebenszeit einer Referenz automatisch bestimmt; es existieren aber Fälle, in denen die Lebenszeit explizit angegeben werden muss. Als Beispiel erzeugen wir in unserer main-Funktion eine Variable, die im Rahmen eines inneren Scopes mit einer Referenz zu einer anderen Variablen initialisiert wird. Die Ausgabe der ersten Variablen wird außerhalb des Scopes nicht möglich sein, weil die Referenz zur zweiten Variablen nicht lange genug „lebt":

```
fn main() {
    let a;
    {
        let b = 12;
        a = &b;            // Code erzeugt Fehlermeldung
    }
    println!("{}", a);
}
```

Ebenso wird es nicht funktionieren, folgende Funktion mit Übergabe von zwei Referenzen und Rückgabe einer Referenz kompilieren zu lassen:

```
fn groessere_zahl(a: &i32, b: &i32) -> &i32 {
    if a > b {
        a
    } else {
        b
    }
}
```

Das liegt daran, dass die konkrete Lebensdauer der Referenzen, die an die Funktion übergeben werden, noch nicht bekannt ist, ebenso wenig ob die zurückgegebene Referenz immer gültig sein wird.

Die Programmiersprache Rust verfügt über einen Ausleihenprüfer, der die Gültigkeitsbereiche geliehener Variablen miteinander vergleicht. In unserem letzten Beispiel konnte dieser nicht feststellen, ob sich die zurückgegebene Referenz auf die Variable „a" oder „b" bezieht. In diesem Fall verwenden wir eine Lebensdauer-Annotation, um zu bestimmen, dass alle Referenzen die Lebensdauer des Rückgabewertes haben müssen. Wir geben diesem Rückgabewert den Namen „c". Unsere Funktion sieht dann wie folgt aus:

```
fn groessere_zahl<'c>(a: &'c i32, b: &'c i32) -> &'c i32 {
    if a > b {
        a
    } else {
        b
    }
}
```

Die Lebensdauer der geliehenen Variablen selbst wird hierdurch nicht geändert, sondern dem Compiler wird mitgeteilt, dass beide Parameter mindestens so lange „leben", wie die Lifetime „'c", ebenso der Rückgabewert.

Die Funktion können wir in der main-Funktion folgendermaßen aufrufen:

```
fn main() {
    let a = 11;
    let b = 12;
    println!("Die größere Zahl: {}", groessere_zahl(&a, &b));
}
```

Die Lebensdauer-Annotation bei einem Struct mit Methode sieht wie folgt aus:

```
struct GeliehenerWert<'a> {
    a: &'a i32
}

impl <'a> GeliehenerWert<'a> {
    fn ausgabe_methode(&self) {
        println!("Geliehener Wert: {}", self.a);
    }
}
```

In der main-Funktion nutzen wir die Methode mit einer erzeugten Struct-Instanz wie folgt:

```
fn main() {
    ...
    let zahl = GeliehenerWert {a: &12};
    zahl.ausgabe_methode();
}
```

Konsolenausgabe:

```
Die größere Zahl: 12
Geliehener Wert: 12
```

9.4 Programmieraufgabe 7

Programmiere jeweils ein Struct für einen Typ „Hund", „Katze" und „Maus". Der Typ Hund soll die Felder „name" und „rasse" vom Datentyp String, sowie das Feld „alter" als generischen Typ, die Katze die Felder „name" und farbe" vom Datentyp String, sowie das Feld „alter" als generischen Typ, die Maus das Feld „name" vom Datentyp String beinhalten.

Programmiere einen Trait, der eine Funktion zur Ausgabe der Struct-Instanz in einem kurzen Satz beinhaltet (self). Der Trait muss den Trait „Debug" implementieren. Das kann beispielsweise wie folgt geschehen:

trait Ausgabe: std::fmt::Debug {

Die Funktion dieses Traits soll eine Standardimplementierung sein.

Implementiere den Trait für die Structs Hund, Katze und Maus. Die Structs Hund und Katze sollen die Standardimplementierung so überschreiben, dass alle drei Eigenschaften (Felder) in einer Konsolenausgabe (in Aussagen wie „Ich bin ein *Hunderasse*"...) genannt werden. Das Struct Maus soll die Standardimplementierung übernehmen.

Erzeuge in der main-Funktion jeweils eine Instanz des Hundes, der Katze und der Maus. Das Alter des Hudes und der Katze soll dabei vom Datentyp u8 sein. Lasse die Instanzen die Funktion zur Datenausgabe aufrufen.

Viel Spass und viel Erfolg !

9.5 Lösungsvorschlag Programmieraufgabe 7

Konsolenausgabe:

```
Ich bin ein Dalmatiner. Mein Name ist Ballu. Ich bin 5 Jahre alt.
Ich bin eine weisse Katze. Mein Name ist Caesar. Ich bin 3 Jahre alt.
Ich bin ein(e) Maus { name: "Linus" }
```

Code:

```rust
#[derive(Debug)]
struct Hund<T> {
    name: String,
    rasse: String,
    alter: T
}

#[derive(Debug)]
struct Katze<T> {
    name: String,
    farbe: String,
    alter: T
}

#[derive(Debug)]
struct Maus {
    name: String
}

trait Ausgabe: std::fmt::Debug {
    fn ausgabe_daten(&self) {
        println!("Ich bin ein(e) {:?}", self);
    }
}

impl <T: std::fmt::Display + std::fmt::Debug> Ausgabe for Hund<T> {
    fn ausgabe_daten(&self) {
        println!("Ich bin ein {}. Mein Name ist {}. Ich bin {} Jahre alt.",
self.rasse, self.name, self.alter);
    }
}

impl <T: std::fmt::Display + std::fmt::Debug> Ausgabe for Katze<T> {
    fn ausgabe_daten(&self) {
        println!("Ich bin eine {}e Katze. Mein Name ist {}. Ich bin {} Jahre
alt.", self.farbe, self.name, self.alter);
    }
}

impl Ausgabe for Maus {
}

fn main() {
    let mut hund = Hund {
        name: String::from("Ballu"),
        rasse: String::from("Dalmatiner"),
        alter: 5 as u8
    };
    let mut katze = Katze {
        name: String::from("Caesar"),
        farbe: String::from("weiss"),
        alter: 3 as u8
    };
    let mut maus = Maus {
```

```
        name: String::from("Linus")
    };
    hund.ausgabe_daten();
    katze.ausgabe_daten();
    maus.ausgabe_daten();
}
```

10 Fehlerbehandlung

In Rust werden Fehler in zwei Kategorien unterteilt, nämlich wiederherstellbare und nicht wiederherstellbare Fehler.

10.1 Nicht wiederherstellbare Fehler

Wenn ein Fehler auftritt, können wir die Ausführung des Programmes durch den Makro „panic" beenden und dabei eine konkrete Fehlermeldung als Parameter übergeben. Ein Beispiel für die Anwendung liefert folgendes Programm:

```
panic!("Es ist ein Fehler eingetreten!");
```
Die Ausgabe teilt uns nach „src/main.rs:" mit, welche Stelle im Quellcode den Programmabsturz verursacht hat, nämlich die dritte Zeile.

Ein typisches Beispiel ist der Programmabsturz durch Zugriff auf einen nicht vorhandenen Index eines Arrays, wie in folgendem Programm:

```
let zahlen = [0, 1, 2, 3, 4];
println!("{}", zahlen[5]);
```
Das Programm lässt sich nicht ausführen. Wir erhalten die Fehlermeldung „error: this operation will panic at runtime"

10.2 Wiederherstellbare Fehler

In den meisten Fällen kann ein Programmabsturz durch eine Fehlerbehebung vermieden werden. Für die Fehlerbehandlung wird u. a. das Enum „Result" verwendet, welches wie folgt definiert ist:

```
enum Result<T, E> {
    Ok(T),
    Err(E)
}
```
Das Enum „Result" ist automatisch verfügbar, muss also nicht ausdrücklich im Quellcode definiert werden. Die generischen Parameter „T" und „E" beschreiben dabei die Werte für den erfolgreichen Fall (Ok) und für den nicht erfolgreichen Fall (Err).

Wenn wir versuchen, eine Datei zu öffnen, wird der Typ Result verwendet. Wir versuchen, durch einen fehlerhaften Code eine Datei zu öffnen. Hierfür nutzen wir folgende Importanweisung:

```
use std::fs::File;
```

Wir geben in der main-Funktion explizit einen falschen Datentyp für unsere Variable „datei" ein:

```
let datei: f64 = File::open("Text.txt");
```

Wenn wir das Programm ausführen, erhalten wir eine Fehlermeldung, die besagt, dass das enum „Result<File, std::io::Error>" gefunden wurde.

Wenn wir den Datentyp nicht explizit angeben, wird durch die Entwicklungsumgebung automatisch vorgegeben, dass der Typ „Result<File, Error>" erwartet wird:

```
let datei = File::open("Text.txt");
```

Um zu prüfen, ob die Datei existiert, können wir den Typ Result im Rahmen einer match-Anweisung nutzen. Wenn die Datei nicht existiert oder nicht geöffnet werden kann, wird der „panic"-Befehl ausgelöst:

```
let datei = File::open("Text.txt");

let datei = match datei {
    Ok(d) => d,
    Err(e) => panic!("Fehler beim Öffnen der Datei: {:?}", e)
};
```

Den gesamten Programmcode (Initialisierung der Variablen „datei" und match-Anweisung) können wir durch die „unwrap"-Methode ersetzen:

```
let datei = File::open("src/Text.txt").unwrap();
```

Statt der „unwrap"-Methode können wir auch die „expect"-Methode verwenden. Dieser können wir wie beim „panic"-Befehl eine Fehlermeldung übergeben.

```
let datei = File::open("src/Text.txt").expect("Fehler beim Öffnen der Datei.");
```

Fehler können wir auch von einer Funktion zurückgeben lassen, wie in folgendem Beispiel:

```
fn main() {
    let datei = datei_oeffnen("src/Text.txt");
}

fn datei_oeffnen(datei_name: &str) -> Result<File, std::io::Error> {
    let datei = File::open(datei_name);
    let mut datei = match datei {
        Ok(d) => return Ok(d),
        Err(e) => return Err(e)
    };
}
```

Den Code können wir mit dem „?"-Operator deutlich verkürzen:

```
fn datei_oeffnen(datei_name: &str) -> Result<File, std::io::Error> {
    let datei = File::open(datei_name)?;
    return Ok(datei)
}
```

11 Tests

Tests helfen uns dabei, herauszufinden, ob unser Programm korrekt abläuft. Dabei müssen wir Tests von der Wirkungsweise des Compilers unterscheiden, der prüft, ob das Programm fehlerfrei arbeitet, aber nicht sicherstellt, dass unser Programm auch das tut, was es soll. Letzteres können wir durch Tests herausfinden.

Hierfür verwenden wir Testfunktionen. Eine Funktion wird durch das Attribut „#[test]" als Testfunktion markiert:

```
#[test]
fn erster_test() {

}
```

Wenn wir eine Programmbibliothek erstellen, enthält die automatisch erstellte Datei einige Zeilen Testcode. Eine Programmbibliothek erstellen wir mit dem Befehl „cargo new *Name* –lib" im Terminal. Unsere nennen wir „Testbibliothek":

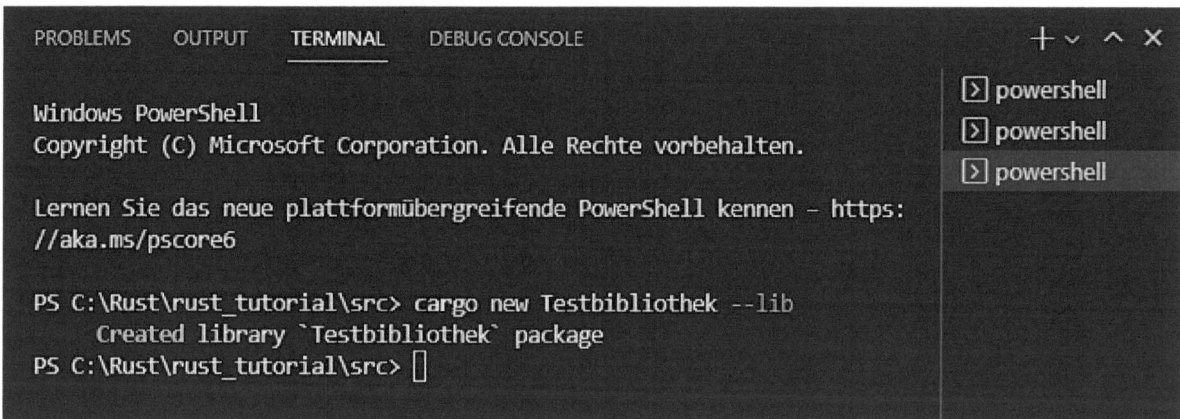

Der automatisch erzeugte Code enthält ein Testmodul mit einer Testfunktion. Mit dem Makro „assert_eq!" prüfen wir, ob der Wert der Variablen „result" 4 ist:

```
#[cfg(test)]
mod tests {
    #[test]
    fn it_works() {
        let result = 2 + 2;
        assert_eq!(result, 4);
    }
}
```

Den Code können wir kopieren und in unser Hauptprogramm einfügen, um die Tests des Moduls zu starten.

Unser Modul können wir durch weitere Testfunktionen ergänzen. Dabei müssen wir jede Testfunktion als solche markieren. Wir programmieren eine Testfunktion, die fehlschlagen und dabei eine Meldung erzeugen soll:

```
#[cfg(test)]
mod tests {
    ...
    #[test]
    fn fehlgeschlagener_test() {
        panic!("Test fehlgeschlagen");
    }
}
```

Wenn wir unsere Tests ausführen, sehen wir, dass ein Test erfolgreich war und ein Test fehlgeschlagen ist.

Wir können eine Methode außerhalb der Testmethode programmieren und diese in der Testmethode aufrufen. Beispielsweise eine Methode, die zurückgibt, ob eine Zahl gerade ist oder nicht:

```
fn ist_gerade(zahl: i32) -> bool {
    if zahl % 2 == 0 {
        return true;
    } else {
        return false;
    }
}
```

Um die Funktion, die sich außerhalb des Moduls „tests" befindet, anzusprechen, müssen wir die Codezeile „use crate::ist_gerade" verwenden (für mehrere Funktionen ist auch die Zeile „use super::*" möglich). Mit dem Makro „assert!" können wir prüfen, ob eine übergebene Bedingung erfüllt ist („true" ausgewertet wird). In diesem Fall ist der Test bestanden, ansonsten ist der Test fehlgeschlagen:

```
#[cfg(test)]
mod tests {
    use crate::ist_gerade;
    ...
    #[test]
    fn zahl_ist_gerade() {
        let a = 4;
        assert!(ist_gerade(a));
    }
}
```

Mit der gleichen Testfunktion können wir ebenso prüfen, ob eine Zahl nicht gerade ist, indem wir den Negationsoperator „!" verwenden. Folgender Test ist bestanden, wenn wir als übergebene Zahl die „3" verwenden:

```
#[cfg(test)]
mod tests {
    use crate::ist_gerade;
    ...
    #[test]
    fn zahl_ist_gerade() {
        let a = 3;
        assert!(!ist_gerade(a));
    }
}
```

Ebenso können wir dem Makro „assert!" (entsprechend dem Makro „panic!") eine Fehlermeldung übergeben für den Fall, dass der Test fehlgeschlagen ist:

```
#[cfg(test)]
mod tests {
    use crate::ist_gerade;
    ...
    #[test]
    fn zahl_ist_gerade() {
        let a = 3;
        assert!(ist_gerade(a), "a ist nicht gerade");
    }
}
```

Auch der Typ „Result<T, E>" lässt sich in einer Testfunktion verwenden. Statt dem Makro „panic!" wird „Err" zurückgegeben. Wir programmieren hierzu eine weitere Funktion, die ebenfalls die Funktion „ist_gerade" aufruft:

```
#[test]
fn zahl_gerade() -> Result<(), String> {
    let a = 12;
    if ist_gerade(a) {
        Ok(())
    } else {
        Err(String::from("Zahl ist nicht gerade"))
    }
}
```

Konsolenausgabe:

```
running 4 tests
thread 'tests::fehlgeschlagener_test' panicked at 'Test fehlgeschlagen',
src\main.rs:31:9
stack backtrace:
test tests::it_works ... ok
test tests::zahl_gerade ... okthread '
tests::zahl_ist_gerade' panicked at 'a ist nicht gerade', src\main.rs:37:9
...
failures:
    tests::fehlgeschlagener_test
    tests::zahl_ist_gerade

test result: FAILED. 2 passed; 2 failed; 0 ignored; 0 measured; 1 filtered
out; finished in 0.03s
```

12 Closures und Iteratoren

12.1 Closures

Closures sind anonyme (namenlose) Funktionen, die wir u. a. in Variablen speichern können. Ein Closure definieren wir mit vertikalen Strichen, in die wir den oder die Parameter schreiben (wobei Parameter nicht zwingend sind).

Ein Closure, welches die Quadratwurzel einer Zahl als Ergebnis zurückgibt, können wir wie folgt programmieren:

```
fn main() {
    let wurzel = |x| {
        (x as f64).sqrt()
    };
```

Das Ergebnis speichern wir in eine Variable und lassen deren Wert ausgeben:

```
    let a = 9.0;
    println!("Wurzel aus 9: {}", wurzel(a));
}
```

Der Datentyp des Closure wird automatisch angenommen, ebenso der Rückgabetyp, den wir im obigen Beispiel nicht angegeben haben. Wir können beides auch explizit angeben und unser Closure eine Ganzzahl annehmen und eine Kommazahl zurückgeben lassen. Unser Code würde dann folgendermaßen aussehen:

```
fn main() {
    let wurzel = |x: i32| -> f64 {
        (x as f64).sqrt()
    };
    let a = 9;
    println!("Wurzel aus 9: {}", wurzel(a));
}
```

Besteht der Inhalt des Closures nur aus einem Befehl, können wir die geschweiften Klammern weglassen (außer, wir geben den Rückgabetypen explizit an). Den Code für unser Closure können wir damit auch abkürzen:

```
fn main() {
    let wurzel = |x: i32| (x as f64).sqrt;
    ...
}
```

In Closures können wir auch lokale Variablen verwenden, wie in folgendem Beispiel, in dem wir eine Variable mit einem übergebenen Wert multiplizieren:

```
fn main() {
    ...
    let x = 5;
    let multipliziertes_x = |y| y * x;
    println!("Drei Mal x: {}", multipliziertes_x(3));
}
```

Konsolenausgabe:

```
Wurzel aus 9: 3
```

```
Drei Mal x: 15
```

12.2 Iteratoren

Mit Iteratoren können wir Operationen auf eine Reihe von Elementen, beispielsweise eines Array, ausführen. Im Rahmen einer For-Schleife können wir einen Iterator nutzen, um über ein Array zu iterieren,
wie in folgendem Beispiel:

```
let zahlen = [1, 2, 3, 4, 5];
for zahl in zahlen.iter() {
    println!("{}", zahl);
}
```

Prinzipiell bräuchten wir hierzu die Methode „iter" nicht. Der wesentliche Unterschied zur Iteration
ohne diese Methode besteht darin, dass der Datentyp der Variablen „zahl" statt „i32" hier „&i32" ist.

Einen erzeugten Iterator können wir ebenso in eine Variable speichern. Mit der Methode „next" können wir auf das nächste Element zugreifen. Den Wert selbst erhalten wir anschließend mit dem „unwrap"-Befehl:

```
let mut zahlen_iteriert = zahlen.iter();
println!("{}", zahlen_iteriert.next().unwrap());
println!("{}", zahlen_iteriert.next().unwrap());
println!("{}", zahlen_iteriert.next().unwrap());
```

Praktisch sinnvoll kann ein Iterator beispielsweise auch dann sein, wenn wir die Summe aller Zahlen
des Arrays ohne Schleife ermitteln wollen. Der Iterator bietet uns hierfür die Methode „sum" an:

```
let summe: i32 = zahlen.iter().sum();
println!("Summe aller Zahlen: {}", summe);
```

Mit der Methode "map" erzeugen wir einen Iterator, der aus abgeänderten Werten besteht. Die Methode nimmt eine Closure als Parameter entgegen. Beispielsweise können wir hiermit jede Zahl des
Arrays um 1 erhöhen.

Der Closure wird aber nicht ohne Weiteres aufgerufen, weil der entstandene Iterator erst durch eine
weitere Methode konsumiert werden muss. Dafür eignet sich die Methode "collect", die das Ergebnis
in eine Collection speichert. Wir speichern die Zahlen in einen Vector:

```
let neuer_iterator: Vec<i32> = zahlen.iter().map(|z| z + 1).collect();
println!("{:?}", neuer_iterator);
```

Mit der Methode "filter" können wir einen Iterator mit Werten erzeugen, die eine bestimmte Bedingung erfüllen. Die Methode nimmt ebenso eine Closure als Parameter entgegen. Wie bei der Methode
"map" muss der entstandene Iterator durch eine weitere Methode konsumiert werden (in diesem Beispiel auch durch die Methode "collect"):

```
let gefilterter_iterator: Vec<&i32> = zahlen.iter().filter(|&z| *z < 4)
                                            .collect();

println!("{:?}", gefilterter_iterator);
```

Der Unterschied zur "map"-Methode besteht darin, dass der Closure eine Referenz als Parameter übergeben werden und diese anschließend dereferenziert werden muss ("&z" und "*z").

Konsolenausgabe:

```
1
2
3
4
5
1
2
3
Summe aller Zahlen: 15
[2, 3, 4, 5, 6]
[1, 2, 3]
```

13 Pointer

Pointer (Zeiger) zeigen auf eine bestimmte Adresse im Speicher. Pointer haben wir schon bei der Nutzung von Referenzen kennengelernt., nämlich wenn wir mit dem Ampersand (&-Zeichen) bezeichnete Daten ausleihen, um sie weiter zu benutzen. Referenzen sind im Gegensatz zu Variablen, denen wir einen Wert direkt zuweisen, nicht der Owner der Daten.

Darüber hinaus gibt es „Smart Pointer", die sich grundsätzlich wie normale Pointer verhalten, aber in den meisten Fällen tatsächlich Owner der Daten sind. Beispielsweise ist der Datentyp String ein Smart Pointer, ebenso der Datentyp Vector. Diese Smart Pointer haben mehr Funktionalitäten als normale Pointer, beispielsweise um die Länge zurückzugeben.

13.1 Der Smart Pointer Box<T>

Der Smart Pointer „Box<T>" sorgt dafür, dass Daten auf dem Heap gespeichert werden, statt wie bei Variablen sonst auf dem Stack. Auf dem Stack steht dann ein Pointer zu den Daten auf dem Heap bereit. Praktisch sinnvoll ist das dann, wenn wir größere Datenmengen verwenden, die den Besitzer wechseln sollen. Wenn wir alle Daten kopieren würden, würde die Performance unseres Programms beeinträchtigt werden.

Den Smart Pointer können wir in einem einfachen Beispiel zur Speicherung der Zahl 5 nutzen:

```
let zahl = Box::new(5);
println!("Zahl: {}", zahl);
```

Vor allem bei rekursiven Datentypen bietet es sich an, Box<T> zu verwenden. Ein rekursiver Datentyp kann den Wert desselben Datentyps beliebig oft beinhalten, theoretisch also „unendlich" groß sein. Ein Beispiel dafür ist eine „Cons-Liste", die aus der Programmiersprache Lisp stammt. In dieser Datenstruktur enthält jeder weitere hinzugefügte Wert zwei Elemente, nämlich den aktuellen Wert und den darauffolgenden, solange bis die Liste ihr Ende erreicht. Eine Cons-Liste steht in der Programmiersprache Rust nicht automatisch bereit (stattdessen wird in derartigen Fällen grundsätzlich der Datentyp Vec<T> verwendet). Wir können aber eine Cons-Liste, die Werte vom Datentyp „i32" verwenden soll, selbst definieren und diese im Zusammenhang mit dem Smart Pointer verwenden:

```
enum Liste {
    Cons(i32, Liste),
    Nil
}
```
Jedes weiter hinzugefügte Element (Cons) enthält dabei einen Ganzzahl-Wert und ein weiteres Element der Liste. Die Liste wird beim letzten Wert beendet mit dem Element „Nil", was einem „null" aus anderen Programmiersprachen gleichkommt und bedeutet, dass es keinen, bzw. einen ungültigen Wert gibt.

In der main-Funktion erzeugen wir drei Listen mit einer unterschiedlichen Anzahl von Werten (die dritte Liste wird eine leere Liste sein:

```
use crate::Liste::{Cons, Nil};
```

```
fn main() {
    ...
    let liste_1 = Cons(12, Cons(16, Cons(18, Cons(21, Nil))));
    let liste_2 = Cons(3, Cons(5, Cons(7, Nil)));
    let liste_3 = Nil;
}
```

Wenn wir unser Programm ausführen wollen, erhalten wir an dieser Stelle eine Fehlermeldung. Das liegt daran, dass unser rekursiver Datentyp eine unendliche Größe hat. Die Größe des Smart Pointers Box<T> ist aber festgelegt, egal wie groß die Datenmenge ist, auf die dieser Pointer verweist. Wir ändern unsere Typdefinition der Liste wie folgt und fügen den Befehl „#[derive(Debug)]" hinzu, damit wi diese ausgeben können:

```
#[derive(Debug)]
enum Liste {
    Cons(i32, Box<Liste>),
    Nil
}
```

Die in der main-Funktion enthaltenen Listen müssen jetzt anders erzeugt werden. Wir lassen uns deren Inhalt ausgeben:

```
fn main() {
    ...
    let liste_1 = Cons(12, Box::new(Cons(16, Box::new(Cons(18,
                        Box::new(Cons(21, Box::new(Nil)))))))));
    let liste_2 = Cons(3, Box::new(Cons(5, Box::new(Cons(7, Box::new(Nil))))));
    let liste_3 = Nil;

    println!("Liste 1: {:?}", liste_1);
    println!("Liste 2: {:?}", liste_2);
    println!("Liste 3: {:?}", liste_3);
}
```

Konsolenausgabe:

```
Zahl: 5
Liste 1: Cons(12, Cons(16, Cons(18, Cons(21, Nil))))
Liste 2: Cons(3, Cons(5, Cons(7, Nil)))
Liste 3: Nil
```

13.2 Der Trait Deref

Der Trait Deref ermöglicht die Verwendung und Verhaltensdefinition des Dereferenzierungsoperators (*). Diesen Operator benötigen wir beispielsweise dann, wenn wir den in einer Speicherstelle enthaltenen Wert vergleichen möchten. Folgender Code wird ohne den Dereferenzierungsoperator funktionieren:

```
let a = 12;
```

```
let b = &a;
println!("a: {}    b: {}", a, b);
```

Wir können zwar die Variable „b" wie jede andere Variable ausgeben lassen, obwohl sie nur aus einem von der Variable „a" geliehenen Wert enthält. Möchten wir aber beide Werte miteinander vergleichen, müssen wir „b" dereferenzieren, wie beispielsweise bei der Verwendung des „assert_eq"-Befehls und einer If-Verzweigung:

```
assert_eq!(a, *b);
if a == *b {
    println!("a = b");
}
```

Den Dereferenzierungsoperator können wir nicht ohne Weiteres für selbst erstellte Typen verwenden. Wir programmieren ein Struct, das mit einem beliebigen Datentyp implementiert werden kann und erzeugen in der main-Funktion eine Instanz dieses Structs. In diesem Fall können wir den Dereferenzierungsoperator nicht verwenden, um festzustellen, ob die in der Variable „a" gespeicherte Zahl dem gleichen Wert entspricht. Die Bedingung in der If-Verzweigung führt zu einer Fehlermeldung:

```
struct NeuerTyp<T>(T);

fn main() {
    ...
    let neuer_typ = NeuerTyp(12);
    if a == *neuer_typ {           // führt zu Fehlermeldung
        println!("a = neuer Typ");
    }
}
```

Damit der Vergleich möglich ist, müssen wir den Trait „Deref" implementieren und den Typen „Target", sowie die Methode „deref" definieren. Den Code über der main-Funktion erweitern wir deshalb wie folgt:

```
use std::ops::Deref;

struct NeuerTyp<T>(T);

impl <T> Deref for NeuerTyp<T> {
    type Target = T;
    fn deref(&self) -> &Self::Target {
        &self.0
    }
}
```

Der Trait „Deref" wird vom Smart Pointer Box<T> automatisch implementiert. Folgender Code funktioniert in der main-Funktion, ohne dass wir hierfür eine Implementierung des Traits vornehmen müssen:

```
let box_typ = Box::new(a);
if a == *box_typ {
    println!("a = Box-Typ")
}
```

Konsolenausgabe:

```
a: 12   b: 12
a = b
a = neuer Typ
a = Box-Typ
```

13.3 Der Trait Drop

Den Trait „Drop" können wir nutzen, um zu bestimmen, was mit einem Wert geschieht, der den Scope verlässt. Hierfür erzeugen wir ein Struct mit einem Feld des Ganzzahl-Datentyps „i32" und implementieren den Trait „Drop" für dieses Struct. Die Funktion „drop" bestimmt dabei, was mit der Zahl geschieht, wenn die Struct-Instanz den Scope verlässt. Wir bestimmen, dass diese um 1 erhöht und anschließend ausgegeben wird:

```
struct NeuerTyp {
    zahl: i32
}

impl Drop for NeuerTyp {
    fn drop(&mut self) {
        self.zahl += 1;
        println!("Die Zahl nach Verlassen der main-Funktion: {}", self.zahl);
    }
}
```

Wenn wir in der main-Funktion eine Struct-Instanz erzeugen und anschließend eine Konsolenausgabe programmieren, wird diese Konsolenausgabe vor der in der „drop"-Funktion bestimmten Konsolenausgabe erfolgen:

```
fn main() {
    let neuer_typ = NeuerTyp {zahl: 41};
    println!("Ende der main-Funktion...");
}
```

Konsolenausgabe:

```
Ende der main-Funktion...
Die Zahl nach Verlassen der main-Funktion: 42
```

Die „drop"-Funktion können wir auch direkt aufrufen, um einen Wert vor dem eigentlichen Ende des Scopes freizugeben. In diesem Fall erhalten wir die Ausgabe der Zahl vor der Ausgabeanweisung in der mein-Funktion:

```
fn main() {
    let neuer_typ = NeuerTyp {zahl: 41};
    drop(neuer_typ);
    println!("Ende der main-Funktion...");
}
```

Konsolenausgabe:

```
Die Zahl nach Verlassen der main-Funktion: 42
Ende der main-Funktion...
```

14 Stichwortverzeichnis